湛庐 CHEERS

与最聪明的人共同进化

HERE COMES EVERYBODY

CHEERS
湛庐

小学生就该懂的生活中的经济学

[日] 邦德 著　[日] 犬饲佳吾 主编
李司阳 译

こども行動経済学

湖南教育出版社
·长沙·

如何做既正确又令人快乐的选择?

扫码加入书架
领取阅读激励

扫码获取
全部测试题及答案,
一起了解日常生活中的
行为经济学

- "吃小亏占大便宜"这个说法是否适用于商业社会呢?

    A. 是

    B. 否

- 你认为以下哪种思考属于"系统式"思考?(单选题)

    A. 看见外国人就想说英语

    B. 不假思索就能抵达学校

    C. 仔细辨别才能找到陌生的目的地

    D. 看到坐高档车的人,就觉得人家是"有钱人"

- 如果你想让家人送你一部新款的中档手机(3 000元)作为生日礼物,怎样做更有助于实现这个愿望?(单选题)

    A. 说想要5 000元的机型

    B. 说想要1 000元的机型

    C. 直接说想要3 000元的机型

    D. 按以上价格,从高到低为家人提供三个选项

扫描左侧二维码查看本书更多测试题

前言

学会做选择，人生更快乐！

我们每天都要做很多选择。有一些选择无关紧要，比如选择穿什么样的衣服、吃什么样的食物、玩游戏还是学习等，有时我们也会面临一些事关重大的选择。一个又一个的选择，不管是大是小，一点点积累起来以后，就塑造了你这样的一个人。

行为经济学主要调查和研究两个问题：一是人们会做出怎样的选择，二是人们在做选择的时候思考了什么内容。那么，对于选择的研究具体指什么呢？行为经济学主要基于以下两个思路开展针对选择的研究。

一是思考什么是正确的选择。人人都想做出正确无误的选择。行为经济学以传统经济学为基准，分析做事全凭逻辑的人做出的选择，探讨什么才是正确的选择。

二是通过观察与实验，调查人们实际上做出了什么样的选择。没有人能保证一直做出正确的选择，抵挡不住诱惑或者马马虎虎随便做出选择的现象时有发生。调查人类做出的这种不明智的选择的特征，也是行为经济学研究的课题。

那么，学习行为经济学有什么用呢？通过深入学习行为经济学，我们能离"做选择的专家"更进一步。人人都想做出正确的选择，做出重大决定前，我们会向父母、朋友或老师征求意见，还会在  互联网上收集信息。可是，收集的意见和信息越多，选择反而越不好做。这时，如果我们能利用行为经济学的知识整理混杂的信息，就能够找到头绪。人生需要不断选择，通过学习行为经济学，成为做选择的专家，就能收获更加丰富多彩的人生。

了解了行为经济学，我们就能利用相关知识为朋友和周围的人提供帮助与建议。这是因为行为经济学也研究如何对他人的选择和行为进行指导，也就是思考社会进步的课题，它虽然难，但却十分有意义。

如今，我们生活的社会正在以惊人的速度发生变化。在这样的变化中，思考对自己和社会来说什么才是最佳选择，既关乎个人生活，又能为社会不断发展提供助力。衷心希望本书能成为各位读者的正确选择，让大家的人生更加美好的同时，还能让大家更加关注社会的进步。

明治学院大学经济学系教授

犬饲佳吾

目录

前　言　　学会做选择，人生更快乐！

第 1 章

这个时候你会选哪一个？为什么？　　001

1. 很长时间没穿的衣服，扔还是不扔？　　002
2. 你会选择"高、中、低"哪个档位呢？　　004
3. 如果等得久能得到更多的钱，等还是不等？　　006
4. 同样"能省50元"，感觉却不一样？　　008
5. 有名的"囚徒困境"，一起想一想　　010

未来实验室
- 在未来，数字化会改变事物的价值　　012

第 2 章

为什么人总会做出不可思议的事？　　013

1. 中彩票的概率约等于0，还要买吗？　　014
2. 放到现在根本不会买的衣服，为什么舍不得扔呢？　　016
3. 无聊的漫画有必要看到最后吗？　　018

4	免费的东西，值得排队好几个小时吗？	020
5	送到手边的钱，有理由拒绝吗？	022
6	如果可以全拿，人们真的会全都拿走吗？	024

未来实验室
- 元宇宙将开启超越时空的时代？ 026

第 3 章

行为经济学和经济学有什么区别？ 027

1	人类也许并不是合乎逻辑与理性的动物！	028
2	行为经济学和经济学有什么区别呢？	030
3	人心很复杂，并不是只想要得到好处？	032
4	因行为经济学获得诺贝尔奖的人	034
5	行为经济学的基础——前景理论	036
6	了解"期望值"，不做亏本事（上）	038
7	了解"期望值"，不做亏本事（下）	040
8	人类喜欢确定的事情，这是"确定性效应"	042
9	追求确定性的人有时又不追求确定性？	044
10	受损的悲伤那么大！人的"损失厌恶"	046
11	让我们试着回想一下，自己是如何思考的	048

目 录

| 12 | "启发式"思考模式也会出错! | 050 |

未来实验室
- "实验"+"经济学"的实验经济学是什么？　052

第 4 章

思考过程中不可避免的"偏差"　053

1	让人丧失理性的"偏差"，到底是什么？	054
2	让人囿于眼前、推迟长远目标的"当下偏差"	056
3	让人乐于保持原样的"安于现状偏差"	058
4	只相信自己乐于相信之事的"主观验证"	060
5	喜欢与大家保持一致的"从众效应"	062
6	越是得不到就越想要的"少即是好效应"	064
7	过于乐观的"规划谬误"	066
8	被先前见到的数字影响的"锚定效应"	068
9	选择中间选项的"保守倾向"	070
10	想放弃又舍不得？"沉没成本谬误"	072
11	同样的事实，不一样的反应"框架效应"	074
12	认为自己拥有的东西价值更高的"禀赋效应"	076

未来实验室
- 社会是进行经济实验的场所？　078

第 5 章

引导人心的"助推理论" 079

1	获得诺贝尔奖的"助推理论"是什么？	080
2	助推理论的要素"EAST"	082
3	看一看助推理论"E"要素的例子	084
4	看一看助推理论"A"要素的例子	086
5	看一看助推理论"S"要素的例子	088
6	看一看助推理论"T"要素的例子	090
7	不好的助推，可能变"淤泥"	092
8	用"促进"达成比"助推"更好的效果	094

未来实验室
- 与脑科学结合的"神经经济学"是什么？ 096

第 6 章

在日常生活中运用行为经济学 097

1	掌握向家人要礼物的小妙招	098
2	打磨战术，多要点零花钱	100
3	不要落入商家的消费陷阱	102

| 4 | 攒钱的诀窍是让自己没钱花 | 104 |
| 5 | 打破害怕失败的心理 | 106 |

未来实验室
- 各种学问是彼此相关的! 108

第 7 章

调整心态,善用行为经济学 109

1	顺从内心的想法最重要	110
2	交朋友也要算计得失吗?	112
3	别忘了"吃亏就是占便宜"	114
4	凡事只追求理性,生活也会很无聊	116

第 1 章

这个时候

你会选哪一个？

为什么？

1

很长时间没穿的衣服，扔还是不扔？

★ 自己买的衣服，不知道为什么就是舍不得扔

假设几年前你用零花钱和压岁钱买了两件特别喜欢的衣服：一件500元，另一件1 000元。现在，它们都已经过时了，哪件你都不想再穿了。

现实生活中你是不是也有这样的衣服？虽然心里很清楚自己以后不会再穿了，但仍然没办法下决心扔掉它们。而且越是贵的衣服，就越是舍不得扔。

按理说，既然你已经意识到以后不会再穿这两件衣服了，就应该处理掉。

"话是这么说，但我舍不得扔贵的衣服啊！"

肯定会有人这么说。无论买的时候是便宜还是贵，留着不会再穿的衣服都没有任何意义。可是，就是有很多人舍不得扔贵的衣服。

如果你的朋友跟你说他有件衣服一直不穿却舍不得扔，你可能会劝他赶紧扔了。但如果是你自己不穿的衣服，就舍不得扔了。这是不是有点奇怪呢？

CHEERS
湛庐

小学生就该懂的生活中的经济学

导读手册

こども
行動経済学

明治学院大学经济学系教授
让你秒懂如何做出好选择

深度导读

聪明做选择：在日常生活中教会孩子经济学

孙路弘

脑力工程师

周末，很多父母都会带着孩子逛超市，这是孩子启蒙经济智慧的最佳场景。

林先生走进一家超市，推着购物车，陪太太挑选日用品。旁边是他12岁的儿子小明和8岁的女儿小静。小明正烦恼于父母为什么总不答应他买新款游戏机，小静则嚷着要买自己喜欢的零食。

"爸，我发现这款新游戏机有促销活动，只需要2 800元，比之前便宜500元！"小明带着急切的语气说道。

林先生笑了笑，"你有没有想过，商家为什么要降价？可能是为了清库存，也可能是想引导你购买更多配件。你是愿意被商家的策略牵着走，还是自己做出明智的选择呢？"

小静拉着妈妈,"妈妈,这个零食买二送一,好划算!"

妈妈指着旁边另一个牌子的零食,"你看,旁边这个牌子虽然没有促销活动,但每包算下来其实更划算。你要不要试着算一下?买二送一的那个,每包分量少很多哦。"

购物车里装满了林先生一家精心挑选的商品,虽然最终小明和小静都没有得到自己最想要的东西,但他们似乎都在父母的启发下感悟到了什么:懂得计算价值,权衡利弊,放弃不必要的需求。

回到家后,小明兴奋地对爸爸说:"爸,我刚才想明白了一个道理,选择不能只看眼前的优惠,更要考虑长期的好处。我就是基于这个想法,觉得买游戏机对咱们家来说是个不错的长期选择,我想跟你好好聊聊,说服你同意我买游戏机。"

深度导读

从案例到学习：为孩子架起学习行为经济学的桥梁

在这个家庭场景中，小明和爸爸的互动正是本书试图解决的核心问题之一：如何在纷繁复杂的选择中，用智慧平衡短期需求与长期利益？《小学生就该懂的生活中的经济学》通过浅显易懂的方式，带领孩子和父母一起学习经济学中的核心概念，让他们在日常生活中培养选择能力、决策思维和长远眼光。

1. 吃小亏占大便宜：延迟满足，让孩子长期获益

"吃小亏占大便宜"这个理念并不陌生，然而这一观点常常在商业社会中被误解。孩子可能觉得吃亏是一种失败，然而事实上，"短期亏损"反而可能为长期利益铺平道路。比如，当孩子想购买一件昂贵的物

品时，如果引导他们将零花钱储存起来，同时放弃其他小额消费，孩子就会逐渐意识到"延迟满足"的重要性。

在案例中，林家父母巧妙地通过提问的方式，引导孩子去理解促销的游戏机和零食的实际价格。这一过程向孩子传递了一个至关重要的观念：真正的"便宜"并非表面上的优惠或折扣，而是从长期来看能产生的最大价值。

2. 系统性思考：培养深度决策能力

"系统性思考"与"启发式思维"是成年人经常说的词汇，对孩子来说这些概念显得抽象且难以理解。例如，小静看到"买二送一"的广告时感到非常兴奋，但她并没有从整体上分析这种选择是否真的划算。通过父母的引导，小静开始学会用"全局思维"判断价值，而不是盲目相信表面的优惠。

系统性思考对孩子来说非常重要。通过引导孩子从不同角度分析问题，比如考虑长期利益、风险成本等，能够帮助他们在学习和生活中更清晰、更加理性。这种思维方式不仅能提升他们的学业表现，还能为他们的未来规划打下坚实的基础。

3. 启发式思维与决策偏差：帮助孩子识别认知盲点

"思维偏差"并不是一个广为人知的词汇，而"沉没成本谬误""现状偏差"和"锚定效应"等则是经济学中常见的术语。在案例中，小明急于购买促销的游戏机，这正是"锚定效应"的体现：他被价格的"折扣"深深吸引，却忽略了自己是否真的需要这款产品。

父母的角色是帮助孩子意识到自己的心理和想法的变化，从而识别这些认知偏差。通过引导孩子思考一些关键问题，比如："游戏机的促销价格是否意味着它一定值得买?""如果没有折扣,你是否依然愿意购买?"通过这些问题,孩子能够逐步克服思维陷阱,学会理性分析,避免盲目消费。

4."助推理论":给孩子的选择一点"软支持"

书中提到的"助推理论",强调通过简单调整选择环境,为孩子创造更有利的决策条件。例如,父母可以将零花钱分为"储蓄"和"消费"两个账户,引导孩子主动储蓄,从而在未来购买更有价值的物品。这种分类方式不仅是一种重要的思维方式,还能帮助孩子在日常生活中积累良好的决策习惯,而不是简单地强制性地要求他们放弃眼前的需求。

在案例中,林先生的做法正是"助推理论"的具体体现。他没有直接否决孩子的需求,而是通过理性分析帮助他们看到选择的长期影响。

5. 学会面对"确定性"和"不确定性"

书中提出,"确定性效应"是人类行为的一个重要特性。通常情况下,成年人更倾向于选择确定的收益,回避风险,而孩子在这方面表现得更为明显。在案例中,小明和小静的选择都充分反映了他们对"确定性"的偏爱。然而,父母可以通过引导,帮助孩子认识到,有时承担合理的风险可能会获得更高的回报。这种教育方式能够帮助孩子在未来面对不确定的世界时更加从容,培养他们的风险意识和决策能力。

从小学习经济学,成长为理性、自信的决策者

《小学生就该懂的生活中的经济学》不仅是一本关于经济学的书,更是一份帮助孩子和父母提升决策能力的成长指南。通过阅读这本书,孩子可以学会如何理解消费中的陷阱,如何在生活中寻找真正的价值;

父母则可以在日常生活中通过情景引导帮助孩子逐步建立理性与自信。

成长是一个逐步积累经验、打磨思维的过程。正如小明在理解促销背后的逻辑时逐渐成熟一样,每一次"聪明的选择"都将成为孩子成长路上的重要基石。希望这本书能够陪伴孩子走过成长中的每一个岔路口,在智慧与理性的指引下,迎接未来的挑战。

生活中每天都有逛超市的机会,每天都要与金钱打交道。孩子虽小,但父母可以通过各种生活场景,为孩子的大脑输入最质朴的经济观念,帮助他们在成长过程中形成冷静的习惯和理性的思维模式,让现实生活变得更加智慧。这本书充满了家庭情景,每一页都是宝藏。带着孩子一起探索属于你们自己的宝藏吧!

善用行为经济学
做出好选择
让自己的人生与社会
都变得更加美好

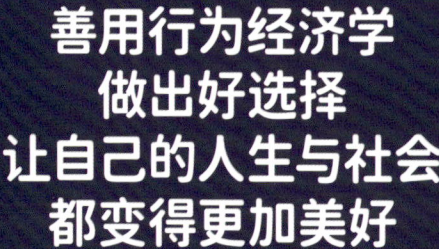

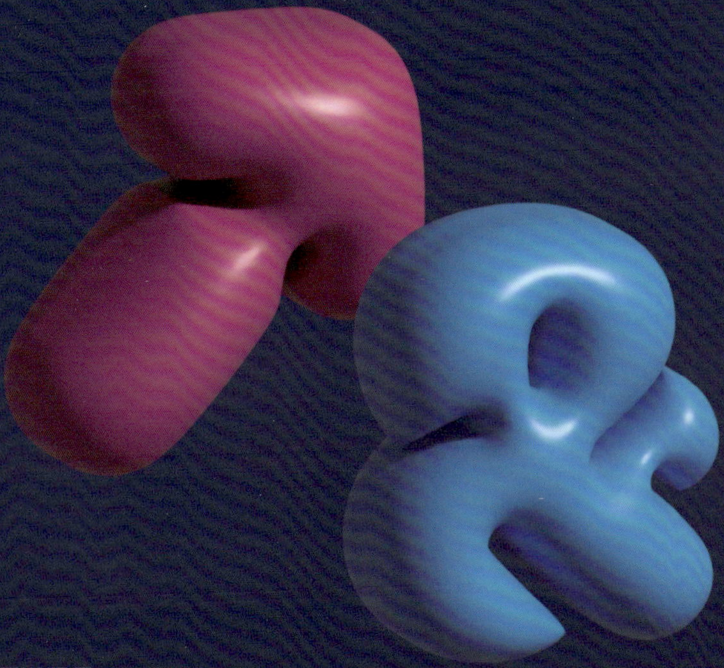

下载湛庐阅读App，
坚持亲自阅读，
有声书、电子书、阅读服务，
一站获得。

第 1 章　这个时候你会选哪一个？为什么？

都是不穿的衣服，价格不同，扔的难易程度也不同？

都是不穿的衣服，
贵的衣服更舍不得扔？

- 你能很干脆地扔掉不穿的衣服吗？
- 当初你买衣服的时候是不是很开心呢？
- 现在你打算把衣服处理掉，又是什么心情呢？

003

2

你会选择"高、中、低"哪个档位呢?

★ 最贵的不想选,最便宜的也不想选?

传统寿司店不像回转寿司店,去那儿吃不到10元一盘的寿司。传统寿司店里虽然也可以让顾客单点自己喜欢的寿司,但顾客更多时候是选择店家配好的套餐。大多数店铺都是准备3种套餐供客人选择,套餐一般为"松、竹、梅",或者是"高、中、低"等。

比如有家寿司店就提供以下套餐菜单:

松(160元)　　竹(130元)　　梅(100元)

想象一下你去寿司店的真实情景,你会选择哪个套餐呢?

有人会想:好不容易来一次传统寿司店,肯定选"松"啊!有人会想:"松"有点贵,选"梅"就行了。还有人会纠结:"松"是有点贵,可是选"梅"的话可能被店员觉得小气,还是选"竹"吧。

事实上,像这样有三个价位的情况下,大部分人都会选择中间的一档。你是不是也选了"竹"呢?

第 1 章 这个时候你会选哪一个？为什么？

##

- 在以往的经历中，你选择过三个价位中的中间档吗？回忆一下，你是怀着什么样的心情做出那个选择的呢？

3

如果等得久能得到更多的钱，等还是不等？

★ 同样是1天，给人的印象却不同

请看问题1，你会选哪个选项呢？

问题1：

A）100天后获得1 000元

B）101天后获得1 010元

我估计你会选B吧。选B的人可能会想："反正都等了100天了，再多等1天也没什么，还是多拿10元比较值。"

现在，我们将问题1中可以拿到钱的两个时间各自缩短100天，变为下面这个选择题。

问题2：

A）现在立即获得1 000元

B）等到明天获得1 010元

这样，大部分人可能都会选A了吧，大家会觉得多等1天只能多拿10元，还不如现在就把钱拿到手。两个问题的相同之处在于"多等1天就能多拿10元"。面对问题1选择多等1天，面对问题2选择不多等1天的人，到底是怎么想的呢？仔细想想，这是不是有些奇怪呢？

第 1 章 这个时候你会选哪一个?为什么?

同样是 1 天,两种情况应该都能等啊!

同样是"等 1 天",
为什么心情会不一样?

 想一想

- 对你来说,现在的10元和很久以后的10元,哪个价值更大呢?
- 你认为时间会改变10元的价值吗?

4

同样"能省50元"，感觉却不一样？

★ 同等金额在不同价值下给人的奇妙差异感

你拿着压岁钱准备去购物。今天，你计划买下心仪已久的文具套装和衣服。

已知该文具套装在家附近的文具店售价为200元，但在离家约15分钟自行车车程的店售价是150元。看中的衣服在家附近的服装店售价为2 000元，在同样离家约15分钟自行车车程的商店售价是1 950元。你打算在哪儿买文具套装和衣服呢？

面对这样的问题，许多人会回答："我会骑自行车去买文具套装，在家附近的服装店买衣服。"当一个价格为200元的物品降价50元时，人们会觉得非常划算。但一个价格为2 000元的物品降价50元，人们可能觉得也没便宜多少，没有必要特地骑自行车去买。

但是，请你仔细思考一下。无论是买文具套装还是衣服，骑自行车去远的地方买，都能省下50元。那么，骑自行车去买衣服，不也一样能省50元吗？

第 1 章 这个时候你会选哪一个？为什么？

同样能省 50 元，感觉却不一样

200 元 → 150 元

2 000 元 → 1 950 元

什么？这两个都是便宜了 50 元吗？

哇！那里的文具便宜好多，我要骑车去买！

衣服的价格差异不大，在近的地方买就行了！

仔细思考一下，同样能省 50 元，给人的感觉却不一样，这不是很奇怪吗？

- 仔细思考一下，文具套装和衣服都是能省50元，是不是感觉骑自行车去买文具套装会更划算呢？为什么会这么想呢？

5

有名的"囚徒困境"，一起想一想

★ 他人的行为会改变结果，使人陷入两难

我们来看一看有名的"囚徒困境"问题。

A和B打闹被老师发现，两人被带到不同的教室里询问情况。老师也不了解前因后果，于是跟两个人开出了以下条件。

"如果两个人都主动承认错误，那就每人反思3分钟。"

"如果两个人都没有承认错误，那就每人反思1分钟。"

"如果其中一个人主动承认错误，而另一个人嘴硬不说，那承认错误的人不用反思，嘴硬的人要反思5分钟。"

A和B肯定都不希望被罚。即使A想免于被罚而主动承认错误，只需B出于同样的考虑也主动承认错误，那A就得反思3分钟。如果A想不承认错误，只反思1分钟，一旦B主动承认错误，B就将免于被罚，A面临的则是反思5分钟。

这个问题的关键在于，对方是否承认错误会对结果造成很大的影响。因此，必须一边思考对方是否会主动承认错误，一边做出自己的选择。

那么，如果你是A，会怎么做呢？

哪一个才是自己的最佳选择呢?

假设你们两个人打闹被发现了,并被带到不同的教室询问情况。问话的结果会影响被罚反思的时间,请你思考要不要主动承认错误。

		A	
		承认错误	不承认错误
B	承认错误	两人都反思3分钟	A反思5分钟,B免于被罚
	不承认错误	A免于被罚,B反思5分钟	两人都反思1分钟

如果我承认错误而B没有承认错误,那我就不用反思;可如果B也承认错误了,那我就得反思3分钟……

不用反思当然最好,可如果我承认错误,A也承认了错误,我就得反思3分钟……

###

- 当他人的行为也会影响结果时,只从自己的角度出发做判断,是不是容易遭受损失呢?
- 你有过只考虑自己的利益,反而遭受损失的经历吗?

第 1 章 这个时候你会选哪一个?为什么?

> 未来实验室

在未来，数字化会改变事物的价值

数字化的进步带来了各种各样的便利。比如，新冠疫情严重时，盛行居家办公，人们不用到公司就能远程工作。这要归功于电脑、智能手机、iPad 等数字移动终端和互联网的发展。

这是个巨大的变化。以前人们必须专门花时间从家里到公司去工作，不然就无法办公，但是现在根本不用出家门，就能利用电脑等开会、处理文件。换句话说，数字终端让远程工作达到了和去公司工作同等的效果，那么"去公司工作"这件事情的价值就比以前小了。

随着数字技术的进一步发展，很可能会出现跨语言视频沟通，届时无须口译人员就能和海外友人直接交流。如果佩戴指定机器，说不定还能进行触觉传导，画面那端的人敲一敲，这端的人就会有痛感。到了那一天，很多传统价值都将发生变化，就像远程工作改变了"去公司工作"的价值一样。我们就生活在这样的大变革时代。

第 2 章

为什么人总会做出不可思议的事?

1

中彩票的概率约等于 0，还要买吗？

★ 明明中不了，为什么还要买呢？

你有没有幻想过自己买彩票中了 7 000 000 元的大奖，那么多钱该怎么花呀？越想越兴奋。谁都知道彩票的一等奖不是那么好中的，但恐怕很少有人计算过中奖的比例到底是多少。

假如，2021 年年末发售的大乐透彩票的一等奖奖金是 7 000 000 元。每 20 000 000 张彩票为一组发售，每组的中奖数如下图所示。

20 000 000 张彩票中 1 等奖只有 1 张，那中奖的概率就是 1/20 000 000（=0.000 05%），很明显中奖的概率几乎为 0。

但即便如此，还是有很多人念叨"要是不买那就肯定中不了"，根本不在意令人绝望的中奖率，反而是满怀希望地购买，想着自己也许真能中奖。

如果是你的话，面对如此低的中奖率，会觉得买彩票就是在赔钱吗？还是会觉得买了也许就能中 7 000 000 元的大奖呢？如果你家里人要买彩票，你会怎么想呢？

看到一等奖的中奖概率后，你还想买彩票吗？

● 2021年年末大乐透彩票（一组）的中奖数与中奖概率（假设）

奖级	中奖金额(元)	中奖注数(注)	中奖概率
一等奖	7 000 000	1	1/20 000 000
一等前后奖	1 500 000	2	1/10 000 000
错组奖	1 000	199	1/100 503
二等奖	10 000	4	1/5 000 000
三等奖	10 000	40	1/500 000
四等奖	500	2 000	1/1 000
五等奖	100	60 000	1/333
六等奖	30	200 000	1/100
七等奖	5	2 000 000	1/10

冷静下来想一想，我觉得这个中奖概率根本不能勾起我的购买欲望，有可能会赔本，我是不会买的。

你没想明白。要是不买你就永远也中不了一等奖啊！

● 买彩票比你想象中更容易中奖吗？还是更不容易中奖呢？

● 试着想一想，1/20 000 000大约是什么样的概率呢？

2

放到现在根本不会买的衣服，为什么舍不得扔呢？

★ 明明不需要，却舍不得扔，你有过类似经历吗？

之前我们探讨过，贵的衣服和便宜的衣服哪件更不容易舍弃。当时说到很多人都感觉贵的衣服更难以割舍。那现在换个问题，如果你不曾拥有那件贵的衣服，现在还会选择买下它吗？恐怕大家会说："都是不想再穿的衣服了，现在肯定不会买。"当然是这样，没有人想去买一件不想穿的衣服。

从这个角度一想，就发现奇怪的事了。

假设你不曾拥有那件贵的衣服，那么现在哪怕在服装店看到一模一样的，你也不会买。但如果那件衣服是你从家里的衣柜里找出来的，你可能就会找到各种理由，比如"怪可惜的""以后还能穿到"等，总之就是不想扔。这就有点矛盾了，就像一边说不需要这件衣服，一边又需要这件衣服一样。

如果以前没买那件贵的衣服，人们就觉得完全不需要它；可如果以前买了那件衣服，人们又会觉得有必要留着它。为什么"现在拥有"和"现在没有"的差异，会影响同一个人对同一件衣服的想法呢？仔细想一想，挺不可思议的。

> 为什么人们在扔东西的时候会感到烦恼呢?

　　人们在逛商场的时候看到"不想穿""不喜欢"的衣服,肯定是不想买的。可他们如果在自己的衣柜里看到"不想再穿""已经不喜欢"的衣服,却不会想要扔掉它们。

为什么人们会觉得,"马上扔掉"闲置的过时了的衣服这件事很难做到呢?

- 为什么明明觉得有些东西自己不需要了,却舍不得扔呢?
- 想着"以后也许用得上"的东西,真的会用到吗?

3

无聊的漫画有必要看到最后吗？

★为什么行为会出现变化呢？

你有没有过这样的经历——手里没有多少零花钱，精打细算买了本漫画书，结果书的内容特别无聊。

这种时候，大多数人都会觉得"好不容易才买的漫画书，不看的话就可惜了"，然后勉强读完。结果往往让人后悔："这书果然是太没意思了，早知道我就不看到最后了。"

要是教科书也就算了，哪怕内容枯燥我们也必须硬着头皮看下去。但是漫画书明明就是为了享受阅读的乐趣才买的，却这么无聊……虽然心里这么想，但买都买了，我们还是会坚持看完。

如果你从朋友那儿借来一本他极力推荐的漫画书，读了之后发现没有朋友说的那么有趣，反而有点无聊。那么，你还会像自己买的一样，想着好不容易借来的，不看就可惜了，一定要把它看完吗？恐怕，比起自己买来的漫画书，会更容易放弃，看不到最后吧？

本来的计划是享受阅读的乐趣，结果大失所望却还是硬着头皮打算读完，这怎么想都是件奇怪的事吧。

面对无聊的书，你会怎样选择呢？是读完，还是半路放弃？

第 2 章 为什么人总会做出不可思议的事？

你有放弃读完无聊漫画书的勇气吗？

如果碰上了一本无聊的漫画书，及早放弃，去看有趣的漫画书，这样会比较开心吧。然而，如果这本无聊的漫画书是用自己的零花钱买的，那么半路放弃可能就需要一些勇气。

**为什么哪怕是无聊的漫画，
我们也想看完呢？**

- 视频网站上无聊的内容，你会坚持看完吗？
- 自己花钱买的东西和不是自己花钱买的东西，中途放弃的标准是不是变了呢？

4

免费的东西，值得排队好几个小时吗？

★ 想一想"免费"和"排队时间"

某家牛肉饭连锁店发放了一些免费券，于是店门口排起了前所未见的长龙。这是"免费效应"。排队的顾客中有人觉得免费券不用的话就是浪费；还有人心想："虽然我想吃拉面，但有免费券的话还是吃牛肉饭吧。"

然而，平时花钱就能立刻吃到的东西，要想免费吃就得排队等1个小时，这真的值吗？也许很多人会说："免费的东西肯定值啊！"

不过，也有人不一样，他们会这么想："虽然想吃牛肉饭，但排队太浪费时间，还是去别的店吃吧""为了免费吃18元的牛肉饭，要等1个小时，这也太亏了"。这部分人认为时间就是金钱，不想白白地浪费宝贵的时间。

就算为了免费吃到18元的牛肉饭而排队，每个人也应该有一个能够忍受的时间上限。能等30分钟的人不少，能等3个小时的人就不多了。排队时间在多少分钟以内算值得呢？如果换成30 000元的高级寿司排队免费吃，这个标准是不是会变化呢？那么，你愿意为了免费吃18元的牛肉饭排队多长时间呢？

为什么人们会排队呢?

知名牛肉饭连锁品牌吉野家的 1 号店位于东京的筑地市场内。2018 年筑地市场关停,这家吉野家 1 号店同时闭店。截至关停前,吉野家 1 号店门前仍排着长队,而其他的分店根本无须排队,到店即可用餐。

为什么人们愿意花大把时间排队呢?

- 你有过为了用掉免费券而排队的经历吗?
- 如果一家饭店提供免费餐的话,无论排多长时间的队都算值得吗?

5

送到手边的钱，
有理由拒绝吗？

人们竟然会拒绝送到手边的钱？

假设你和朋友 A 在一起。一个陌生人来到你们两个面前，对你说："这儿有 1 000 元，由你来决定分配方式，如果 A 同意，那我就按你的分配方式把钱给你们。但如果 A 不同意，那我就收回这 1 000 元。"

你应该会反复思量。

"我要是把钱都拿了，A 肯定不同意。"

"一人 500 元，A 应该没有意见吧……"

"不，等一下，就算只分 1 元给 A，他也没准儿会同意呢，总比什么也拿不到强啊！但这么做的话 A 肯定心里不痛快……"

仔细想想，如果你决定自己拿 999 元，A 拿 1 元，对于此刻的 A 来说，同意的话就能拿到 1 元，比拒绝后什么也拿不到要强一些。

然而，如果你是 A 的话又会怎么想呢？对方拿那么多钱，自己只拿到 1 元，就算这 1 元是白白得到的，自己也并不想接受这个方案，这 1 元干脆不要了。

> 如果是你的话，会怎样和朋友分配这些钱呢？

通过实验获知，A 最容易接受的分配方式是二人均分。出乎意料的是，如果提出分配方案的人留给自己的金额过少，那么另一方（A）拒绝的概率反而会提高。

如果你是 A，什么情况下选择拒绝呢？

- 你愿意分给对方多少钱呢？
- 如果你是A且对方决定分给你1元，你会拒绝这个方案吗？你的决定会给你造成损失吗？

第 2 章 为什么人总会做出不可思议的事？

6

如果可以全拿，人们真的会全都拿走吗？

★ 人们也许很难做到独占利益

你和陌生人B在同一个地方待着，这时又来了一个陌生人给了你10张100元的钞票，对你说："这里有1 000元，你不用听B的意见，自己决定分配方式就好。"

换句话说，你把1 000元都拿了也行，给B分500元也行，都给B也没问题。

这时，你会怎么做呢？

"肯定自己都拿了呀！"

也许你会这么想。然而，请把自己代入到情境里面，想象你面前就有一个陌生人B。在他面前，你能堂而皇之地说出"全归我了"吗？

事实上，在这个实验中，多数人都不会全部拿走，而是选择自己拿五成到七成，剩下的分给对方。你看，明明自己都拿了更划算，可大多数人却并不会这么做。

趋利避害是人的本能，按理说可以把钱全部据为己有，但很多人却选择分给别人，这很不可思议吧？

只有自己获利，有点抹不开面子？

面前有其他人时，即使我们想要独占利益，也很难做到这一点。假设面前摆着自己爱吃的点心，而朋友又在身边，那我们肯定多少都会分给朋友一些吧？

**明明想要获利，
为什么抹不开面子去吃独食？**

- 你怎么看待吃独食的行为？
- 如果每个人都只在乎自己的利益，世界会变成什么样？

第 2 章　为什么人总会做出不可思议的事？

未来实验室

元宇宙将开启超越时空的时代?

第1章的未来实验室中提到,数字化信息的进步也许会改变传统价值。在这个趋势中,最引人注目的就是元宇宙。简单来说,元宇宙指在计算机中构建的三维虚拟空间。

在元宇宙中,人们可以通过自己的化身自由穿梭于虚拟空间,购买并穿着自己喜欢的衣服,甚至还能购买虚拟空间的土地并开发建造。此外,人们在元宇宙中还可以通过角色进行交流。这是因为屏幕中角色的移动行为都是由人类控制的,所以在元宇宙中也可以实现人类的交流。

在不久的将来,也许人们戴上特制眼镜就可以在元宇宙世界中逼真的虚拟城市里逛街、购物。如果现实世界和元宇宙虚拟世界的界限逐渐消失,那么人类的肉身无须移动,就能通过角色随时到城市里逛街。这样一来,就可以超越时间和空间,实现身体的自由移动。这个时代近在眼前。

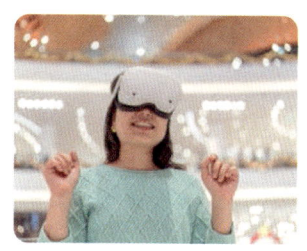

第 3 章

行为经济学和经济学

有什么区别?

1

人类也许并不是合乎逻辑与理性的动物！

★"我在做什么呀?"——人类总是做出令人费解的行为

明明知道吃多了会变胖，还是吃下了面前的蛋糕；明明知道必须得学习，还是选择了刷短视频。

我们对这些行为会导致"体重增加""成绩变差"等不好的结果心知肚明，可还是选择了背离本心的行为。这是因为人类容易被当下的轻松与愉快所吸引。

此外，人类有时还会做出连自己都难以理解的、不符合初衷的行为。比如明明想好好对待喜欢的人，却不自觉地恶作剧；明明想要道歉，却总也说不出口。

我们在观察动物时发现，动物偶尔会做出匪夷所思的行为。"那只狗在干什么呀！"被小狗逗得哈哈大笑的你，也许同样正在做着别人不理解的行为。人类是最高级的智慧生物，但依然经常犯错，做出一些匪夷所思的行为，并没有想象中的那么厉害。

在第1章与第2章中，我们讨论了人类那些不可思议的行为。在本章中，我们将介绍"行为经济学"，挖掘人类做出奇怪行为的本质。

第 3 章 行为经济学和经济学有什么区别?

为什么人类不能按计划行动呢?

人类也会做出知行不一的事,也许人类并没有那么厉害!

- 你有多怕麻烦呢?
- 你有没有过以"太麻烦了"为借口,做出与真实期望相悖的行为呢?

2

行为经济学和经济学有什么区别呢？

★ 行为经济学作为实用科学备受瞩目

面对"经济学是什么"这个问题，恐怕谁也不能立刻给出答案。本书不详细解释经济学的内涵，大家只要记住，它是以"高度自律、自我管理完美的人"为前提研究的学问就可以了。简单来说，"高度自律、自我管理完美的人"，就是能够按照计划完成暑假作业、不乱花钱、减肥一定能成功的人。恐怕大家都不符合这个定义。每个人多多少少都会有花钱大手大脚或是没能按照计划完成作业的时候。

经济学并没有考虑到人会犯这样那样的小错误，所以应用时出现了很多实际问题。因为不只是一个或两个人，而是大多数人都不符合经济学"高度自律"的要求。在这种情况下，行为经济学应运而生。

行为经济学是通过观察人类的心理和行为，试图阐释人类为什么会做出错误行为的学问。我们不是机器，是有血有肉的人，偶尔做出不够理性的行为也是可以理解的。而"行为经济学"正是以这样的普通人为对象，它是与现实人类社会关系紧密的学问，得到了广泛关注。

第 3 章 行为经济学和经济学有什么区别？

行为经济学，也许是更符合人性的学问！

经济学	行为经济学
人类画像	
人类总是能理性思考、理性行动	人类不一定能够理性行动
何时起源？	
16 世纪后期	20 世纪后期
代表学者	
亚当·斯密（1723—1790）	丹尼尔·卡尼曼[1]（1934—2024）
约翰·梅纳德·凯恩斯（1883—1946）	理查德·塞勒（1945— ）
保罗·萨缪尔森（1915—2009）	罗伯特·希勒（1946— ）

行为经济学是一门新的学问，接下来会越来越重要。我们从现在开始学习并了解它，这是非常有用的哦！

想一想

- 你认为自己能够一直做出完美无误的行为吗？
- 找一找，看看周围有没有行为一直保持完美的人。

---

[1] 诺贝尔经济学奖得主，被称为"行为经济学之父"，其经典著作《噪声》中文简体字版已由湛庐引进、浙江教育出版社于 2021 年出版。——编者注

3

人心很复杂,并不是只想要得到好处?

★ 顾及他人的感受,也是为了自己?

针对第 2 章第 6 节提到的问题"到手的钱要不要分给对方",经济学给出的最佳答案是己方获益最多的"拿走全部的 1 000 元"。然而,正如上文提到的,很多人选择与陌生人分享利益。这是因为人类不仅有"利己心",还有"利他心"。"利他心"指愿意关心他人、照料他人的心理,而经济学并未将这一心理纳入考量之中。因此,经济学无法完全解释现实世界。

深入思考后,又出现一个新的问题,即"利他心"真的是为他人着想吗?也许人们并不是出于为对方着想才把钱分出去,而是为了自己考虑,想要让对方觉得自己是个好人。我们也可以认为这么做表面上是为了他人,实际上是为了自己。如果是这样,那"利他心"的真实性就值得怀疑了。

总之,人心是复杂的。行为经济学就是研究复杂的人心是怎样影响得失判断的学问。

第 3 章 行为经济学和经济学有什么区别？

经济学和行为经济学设定的人类画像

经济学设定的人类画像

只考虑自身得失的"利己"型

行为经济学设定的人类画像

有时会牺牲自身利益成全他人的"利他"型

老师！也就是说经济学设定下的人类是没有道德心、以自我为中心的家伙吗？

事实上，大多数人不会只顾及自己的利益，但是经济学并没有考虑到人们真实的想法。

想一想

- 你在做利他行为时，内心有没有期待过"对方觉得自己是个好人"呢？你认为这是真正的利他吗？

4

因行为经济学获得诺贝尔奖的人

★ 了解最重要的两位行为经济学学者

行为经济学以"人类并不完美"为前提,是一门相对较新的学问。它的创始人是行为经济学家丹尼尔·卡尼曼。他与阿莫斯·特沃斯基①(Amos Tversky)一同开辟了行为经济学这一全新领域,并发表了具有奠基意义的"前景理论"。这一贡献得到广泛认可,2002年卡尼曼获得诺贝尔经济学奖。

此外,因"助推理论"而闻名的行为经济学家理查德·塞勒(Richard H. Thaler)也于2017年获得诺贝尔经济学奖。

正因行为经济学者获得诺贝尔经济学奖,行为经济学得到了越来越多的关注。

> **小 知 识**
>
> **阿莫斯·特沃斯基**
> 心理学家,卡尼曼的合作研究伙伴。不幸的是,他于1996年去世,享年59岁。据说,如果2002年他还健在,很可能与卡尼曼共同获得诺贝尔经济学奖。

---

① 知名行为科学家,行为经济学奠基人,其经典著作《特沃斯基精要》中文简体字版已由湛庐引进、浙江教育出版社于2022年出版。——编者注

行为经济学领域获得诺贝尔经济学奖的学者

2002 年获奖

丹尼尔·卡尼曼

获奖理由：开创了全新的研究领域——行为经济学与实验经济学
关键词：前景理论

2017 年获奖

理查德·塞勒

获奖理由：对行为经济学的发展做出突出贡献
关键词：助推理论

咦，虽说行为经济学是个新领域，但已经有获得诺贝尔奖的人了呢。

2002年卡尼曼获得诺贝尔奖之后，行为经济学也获得了越来越多的关注。

- 查一查，诺贝尔经济学奖的奖金有多少？

5

行为经济学的基础——前景理论

★ 得了诺贝尔奖的作品也并不晦涩！

行为经济学的代表性理论是丹尼尔·卡尼曼提出的"前景理论"。大家可能一看到诺贝尔奖，就觉得内容会很难，本章我将对它进行深入浅出的介绍。

话说大家在做事时，是更看重确定性，还是更愿意冒险呢？请先给出答案，再回答下图中的两个问题。

大多数人对于问题 1 会选择 A，重视确定性；对于问题 2 会选择 B，想要通过扔硬币的方式赌一把，看看是否能彻底清除债务。两个问题中 A、B 选项的"期望值"（本章第 6 节将详细介绍）都是相同的。

如果你认为自己是"看重确定性的类型"，而在问题 2 中选择了 B 选项，那么你其实在选择中放弃了确定性。如果你认为自己是"乐于冒险的类型"，而在问题 1 中选择了 A 选项，那么你其实并没有尝试冒险。

这种矛盾的产生，是因为人们在追求收益时更倾向于确定性优先（确定性效应，本章第 8 节），而在面对潜在损失时更倾向于回避风险（损失厌恶，本章第 10 节）。这就是前景理论旨在阐明的内容。

前景理论是什么?

前景理论

前景理论是行为经济学的代表性理论。简单来说,就是人们在追求利益时倾向于优先确定性事物,而在面对潜在损失时倾向于最大限度地避免损失。这种思维模式被理论化为"前景理论"。

问题1 你选择哪个选项呢?

A. 肯定能得到1 000元。

B. 扔硬币决定,扔到正面能得到2 000元,扔到背面则什么都得不到。

问题2 你向家人借了2 000元,以下两种情况,你会选择哪个呢?

A. 无条件免除1 000元的借款,只需要还剩下的1 000元就可以。

B. 扔硬币决定,扔到正面的话借款一笔勾销,扔到背面的话就得还2 000元。

- 存在潜在收益时,你是不是就不太追求确定性了呢?
- 在问题1中,你想要得到确定的1 000元,在问题2中,你又想为了2 000元赌一把,为什么呢?

第3章 行为经济学和经济学有什么区别?

6

了解"期望值",不做亏本事(上)

★ "期望值"是加权平均值

本章第 5 节提到了"期望值"。在网上搜索"期望值",会出现以下公式:

$$E[X]=x_1p_1+x_2p_2+\cdots+x_np_n$$

这个公式有点复杂,大家也许一下子看不懂。简而言之,理解了"期望值",有助于大家避开讨厌的"亏本事",我们一起加油学习一下吧!

期望值是将概率考虑在内的平均值(即加权平均值)。例如,抽签箱里有 4 根签,其中一根写着"恭喜中奖",抽到可以获得 10 000 元;剩下的 3 根写着"谢谢惠顾",抽到只能获得 400 元。那么,这几根签的期望值就是 2 800 元。这意味着,抽一次签,平均能够获得 2 800 元。

计算方法如下图所示,如果抽了全部 4 根签,4 根签对应 10 000 元、400 元、400 元、400 元,那全部到手就是 11 200 元。它们的平均值为 11 200 元 ÷ 4 次,结果是 2800 元。上文中那个复杂的公式就是下图中期望值的计算方法,对于小学生来说有点难,目前没有必要记住它,只要理解大概意思即可。

看一看"期望值"的计算方法

期望值的计算公式

期望值 $E[X] = x_1p_1 + x_2p_2 + \cdots + x_np_n$

将概率考虑在内的平均值,即加权平均值

"x_1""p_1"是什么?这公式看也看不懂,完全没兴趣!

的确有点难。没关系,小学生不用背哦!

10 000元 400元 400元 400元

抽签箱里有4根签时的期望值是?

	对应金额	数量	抽中率
恭喜中奖	10 000元	1张	1/4
谢谢惠顾	400元	3张	3/4

按公式计算:
10 000元 ×1/4+400元 ×1/4+400元 ×1/4+400元 ×1/4= <u>2 800元</u>

这就是期望值

也就是说这个签每抽一次平均能得到2 800元……这就是"期望值"啊。

虽然看起来很难,但其实只需要把所有签都抽一遍,得到的总额除以签数就可以啦。

第 3 章 行为经济学和经济学有什么区别?

 想一想

● 如果抽签的费用是一次2 000元,你会选择抽签,还是不抽签呢?

7

了解"期望值",不做亏本事(下)

★换个角度考虑问题!

在上一节的"想一想"中,我们假设抽签的费用是1次2 000元,询问大家是否会选择抽签。那么你是抽签派,还是不抽签派呢?如果用计算得出的期望值来衡量,那么选择抽签的人做了正确的选择。我们通过计算得出抽签的期望值是2 800元,只要抽签的费用不超过这个金额,理论上来说抽签就能赚。

但是,也许有人会想:"就算我花了2 000元,还是有3/4的概率抽到400元呀……"这种想法或许是出于损失厌恶(本章第10节),人在受益时倾向于优先确定性事物,而在潜在损失面前,就会倾向于最大可能地规避风险。

我们换个角度看问题,不再把自己当成抽奖人,而是站在主办方的立场,也许问题就变得清晰了。

如果每次抽奖的费用是2 000元,那么每4次抽奖主办方能够收益8 000元(2 000元×4),然而需要支付给抽奖人的金额却高达11 200元。因此,在抽奖费用为每次2 000元的情况下,就会亏3 200元。主办方亏就等于抽奖人赚,所以抽奖才是正确的选择。

从主办方的角度看问题

▶ 抽4次奖的收益总和

每次抽奖收益 2 000 元 ×4=8 000 元
（抽奖人向主办方支付的费用总和）

▶ 抽4次奖得到的奖金总和

10 000 元 +400 元 +400 元 +400 元 =11 200 元
（主办方提供给抽奖人的奖金总额）

主办方明明想赚一笔，没想到却赔本了！明明应该赚点的！

你还没有理解期望值啊！期望值是2 800元，每次费用2 000元抽一次的话肯定会赔钱的。

那么，如果主办方想要赚钱的话，每次费用定多少合适呢？期望值是2 800元，如果定不到2 801元及以上的话，就会赔钱。

- 一等奖为7亿元的彩票，一张卖300元。猜猜看它的期望值是多少呢？上网查查吧！

8

人类喜欢确定的事情,这是"确定性效应"

★ 人类的天性是"想得到确定的利益"

如下图所示,如果家长突然说,"从这个月开始,你可以选择零花钱的领用方式",你会怎样选择呢?

你会不会说:"选 B 的话有可能一点都拿不到,不行。还是选 A 吧,这样肯定能领到零花钱。"

让我们来计算一下两个选项的期望值,A 是 500 元,B 是 560 元。期望值的计算过程如下:

A)500 元 ×1(=100%)=500 元

B)700 元 ×0.8(=80%)=560 元

持续一年,选 A 方案可以得到 6 000 元(=500 元 ×12)。而选 B 方案,如果足够幸运每次抽签都能拿到钱的话,就能得到 8 400 元(700 元 ×12);考虑到抽不中的情况,期望值也能达到 6 720 元(560 元 ×12)。换句话说,就算选 B 方案有时拿不到钱,从一整年来考虑的话,也有希望比 A 方案多拿 720 元。

很多人认为选择确定性强的方案,就不会有损失。"倾向于确定的利益而非不确定的利益",我们把这种倾向叫做"确定性效应"。然而,这导致人们很多时候选择了期望值低的选项,这其实是一种损失。

第 3 章 行为经济学和经济学有什么区别？

你想每个月都能拿到零花钱吧？

妈妈

从这个月开始，你可以选择零花钱的领用方式！看看喜欢哪种，自己挑吧！

A. 每个月固定领 500 元。
B. 抽签决定是否能领零花钱，抽中率 80%，抽中后可以拿到 700 元。

从概率上来讲，每 5 个月就有 1 个月领不着零花钱啊。这不太行，还是选能固定拿到钱的吧！

我也绝对选 A！选 B 的话要是没抽中那个月就太惨了，而且每个月抽签一直得提心吊胆的，太难受了。

几乎所有人都不想蒙受损失，因此选择 A。可是，参考期望值后可以发现，B 更划算。很多人的直觉都错了。

- 如果有可能拿不到零花钱，你是不是有点接受不了？
- 你认同期望值高的选项更好吗？

9

追求确定性的人有时又不追求确定性?

★ 人在面对潜在损失时,更喜欢冒险?

和上一节一样,家长说,"从这个月开始,你可以选择零花钱的领用方式",选项如下图所示。你会怎么回答呢?

你会不会说:"两种方式都有拿不到零花钱的可能,那不如选 B,抽中的话还能多拿点!"

我们来计算一下两种方式的期望值,A 是 240 元,B 是 150 元。期望值的计算过程如下:

A)800 元 ×0.3(=30%)= 240 元

B)3 000 元 ×0.05(=5%)= 150 元

如果按这个方式持续 1 年,选 A 方案能拿到 2 880 元(=240 元 ×12),选 B 方案能拿到 1 800 元(=150 元 ×12)。选择 A 方案大概率能拿到更多的钱。

相信聪明的你已经注意到了,哪怕是在上一节中选择确定能领到零花钱的人,在面对两个都不确定的选项时,也会倾向于赌一把,选择那个概率更低收益更高的选项。如果这个时候他们计算一下期望值,也许就会选择 A 了。但是许多人却相信了直觉,认为 B 更加划算,最终选择了确定性和期望值都低的错误选项。

不能保证每个月都拿到钱的话，确定性就不重要了吗？

妈妈：从这个月开始，你可以选择零花钱的领用方式！看看喜欢哪种，自己挑吧！

A. 抽签决定是否能领零花钱，抽中率30%，抽中后可以拿到800元。

B. 抽签决定是否能领零花钱，抽中率5%，抽中后可以拿到3 000元。

反正哪个选项都有很大可能领不到钱，那我还不如赌一把，选个抽中后能领更多的！

最开始我想选B，但是算了期望值好像A更好些，真纠结啊……

所有选项都有不确定性时，很多人会想赌一把。就算是同一个人，在不同的情况下，有时会追求确定性，有时又可能相反。

想一想

- 拿不到钱的可能性很高时，你会想干脆赌一把吗？
- 你认同期望值高的选项更好吗？

第3章 行为经济学和经济学有什么区别？

10

受损的悲伤那么大！人的"损失厌恶"

★ "快乐"的事情是不是忘得快？

人们获利的时候会开心，遭受损失的时候会悲伤。那么，得到 500 元的快乐，与丢掉 500 元的悲伤，哪一个对人们心情的影响更大呢？

无论是谁，拿到了 500 元压岁钱都会高兴。一周之后这份喜悦是不是就淡化了呢？

可是，如果你把放着这 500 元的钱包弄丢了的话又会是怎样呢？"我弄丢了 500 元钱……"，这种悲伤的心情，别说一个星期忘不了，什么时候想起来都会懊恼不已吧？

同样是 500 元，失去它的悲伤往往比得到它的快乐更强烈，这是大多数人的感受。比起得到带来的快乐，损失带来的悲伤更加明显——我们把这样的心理倾向称作"损失厌恶"。如下图所示，损失给心灵造成的冲击大约是获益的两倍。

如果家长对你说零花钱多给 100 元，就算你当时很高兴，这种感激之情也不会持续太久。与此相反，如果零花钱马上要减少 100 元，那你一定会拼尽全力阻止，避免损失吧！这就是你的"损失厌恶"。

损失带来的悲伤比得到带来的快乐更加明显！

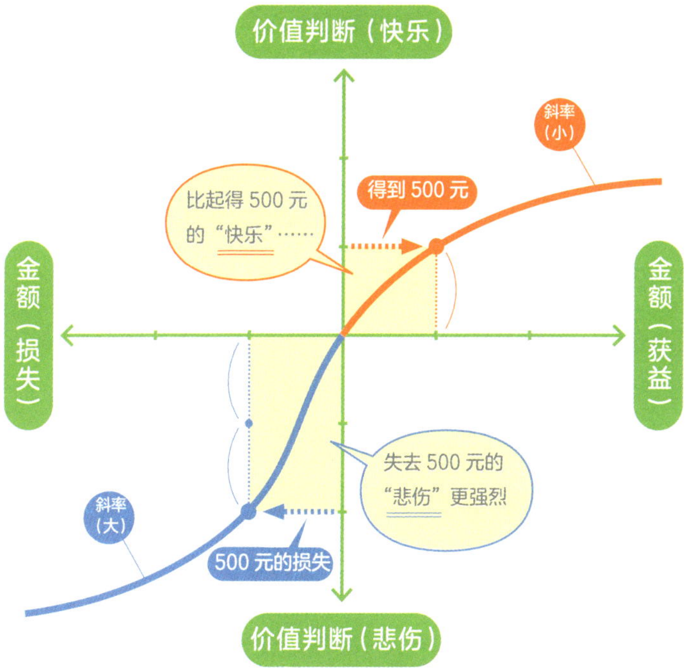

价值判断（快乐）

金额（损失） ← → **金额（获益）**

- 斜率（小）
- 得到 500 元
- 比起得 500 元的"快乐"……
- 失去 500 元的"悲伤"更强烈
- 斜率（大）
- 500 元的损失

价值判断（悲伤）

据研究，损失或是收益同等金额的前提下，损失时"悲伤"的强烈程度，大约是获益时"快乐"的两倍。

第 3 章　行为经济学和经济学有什么区别？

- 你的零花钱变多时，"快乐"和"感激"之情大约能持续多久？
- 如果零花钱变少，你会一直闷闷不乐吗？

11

让我们试着回想一下，自己是如何思考的

★ 凭直觉思考问题——"启发式"

我们在生活中需要不停地思考。例如，去上学的时候，我们不用费力思考"该怎么去学校"，也能准确无误地到达学校。但要是和朋友一起去不认识的地方，就要查阅相关信息，仔细思考"怎么去比较好"这个问题。这种时候我们可能会觉得有点麻烦，大脑也会感到疲惫。

人类在行动前的思考，无意识地分别调用了两种思考模式。像去学校时，就是"直觉思考"；去不认识的地方时，就是"认真思考"。

我们将直觉思考模式称为"启发式"，将认真思考模式称为"系统式"。心理学中将两种不同的思考模式称为"双重过程理论"。

仔细想想，我们去上学或者在家里去卫生间的时候，也没有刻意思考就能准确无误地到达，这难道不是件特别了不起的事情吗？人类在很多情境下，都是使用"启发式"直觉判断，做出正确的行动。

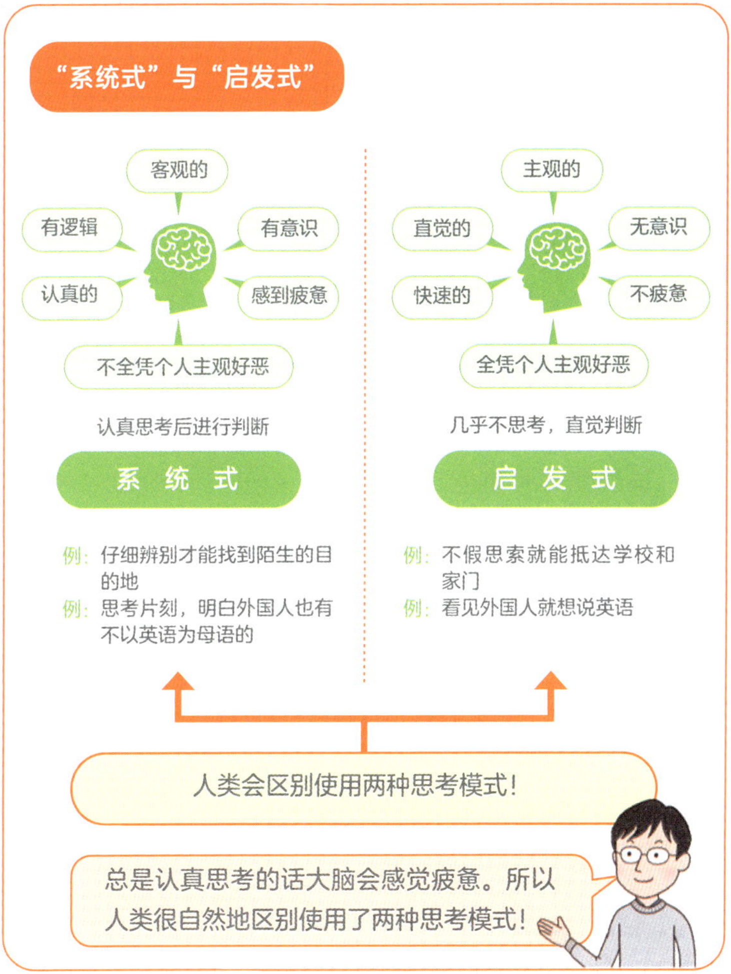

第 3 章 行为经济学和经济学有什么区别?

"系统式"与"启发式"

系统式（认真思考后进行判断）
- 客观的
- 有逻辑
- 有意识
- 认真的
- 感到疲惫
- 不全凭个人主观好恶

例：仔细辨别才能找到陌生的目的地
例：思考片刻，明白外国人也有不以英语为母语的

启发式（几乎不思考，直觉判断）
- 主观的
- 直觉的
- 无意识
- 快速的
- 不疲惫
- 全凭个人主观好恶

例：不假思索就能抵达学校和家门
例：看见外国人就想说英语

人类会区别使用两种思考模式！

总是认真思考的话大脑会感觉疲惫。所以人类很自然地区别使用了两种思考模式！

 想一想

- 过马路的时候，你会不自觉地看向左侧吗？
- "启发式"思考模式能够准确无误地解决哪些问题呢？

12

"启发式"思考模式也会出错!

★ 虽说直觉大体准确……

在日本,在过马路之前,你会看向右边,还是左边呢?恐怕,会不自觉地看右边吧!这是因为日本是左侧行驶,车肯定是从右边过来。

人类都怕麻烦,不会认真思考"应该看右边吗?啊不,应该看左边吧"这种问题,而是凭借生活经验,依靠直觉判断"应该朝右看"。不用深入思考,就能瞬间做出正确判断。这种基于经验的迅速判断就是"启发式"。

如下图所示,启发式分为几种类型。它们做出的判断大体上没有问题,但并不总是正确的。

比如说,日本人到中国过马路时也会习惯性地看向右边。如果他们发现右方没车就放心过马路,那就危险了。因为中国的车辆是靠右行驶,对向的车是从左边过来的。所以快速的直觉判断不一定完全正确,人们还是不能太过大意,要对自己的判断持有怀疑态度。

启发式有三种类型

代表性启发式：人们有这样一种倾向，根据个人印象，对某事做出"应该是这样""大概率如此"等的判断。

例❶ 看到坐高档车的人，就觉得人家是"有钱人"。
→ 没准儿是二手的便宜车，不是什么有钱人。

例❷ 看到外国人，就觉得"得用英语交流"。
→ 也许人家只会说法语或波兰语。不是所有外国人都说英语！

可得性启发式：人们有这样一种倾向，即凭借最容易回忆起来的知识、信息和印象做判断。

例❶ 认为外国人的犯罪事件越来越多。
→ 事实上这类事件在减少，只是因为相关报道引人注意，就以为在增加！

例❷ 认为经济学很难。
→ 大家都说经济学很难，自己也就觉得难了！

锚定与调整启发式：人们有这样一种倾向，即以最初看到的数字或条件为标准，无意识地影响之后的判断。

例❶ 明明计划买1个，看到"每人限购2个"的牌子，就会想买2个。
→ 要是没看到"每人限购2个"的牌子的话，就不会买2个。

例❷ 看到星座专栏说"今天也许会碰到命中注定之人"后，随便碰到谁都觉得也许就是自己的命中注定。
→ 不看这个专栏的话，也就不会把对方当成有缘人！

"启发式"是个很难的定义，我们只要记住"直觉"也会出错就好了。

- 你坚信的事出现过错误吗？
- 直觉正确和直觉错误，哪种情况更多呢？

第3章 行为经济学和经济学有什么区别？

未来实验室

"实验"+"经济学"的实验经济学是什么？

恰如其名，实验经济学就是通过实验进行研究的经济学。那么，它都做些什么实验呢？

前文提到，从前的经济学以完全理性的人类为研究对象，但现实中并不存在这样的人。不管理论有多么完备，如果人们不能按照这些理论行动的话，在现实生活中，理论就发挥不了作用。

因此，实验经济学通过重复多种实验，验证经济学理论及看法是否正确，验证"是否是现实性理论"及"人类是否按照理论开展行动"。

实际上，第2章第5节、第6节的问题就是实验经济学中著名的实验——"最后通牒博弈"和"独裁者博弈"。

和行为经济学一样，实验经济学领域的学者也已经多次获得诺贝尔经济学奖。近年，实验经济学领域开展了多方面的研究，与行为经济学、心理学、神经科学领域都有交叉，相信今后会成为备受瞩目的研究领域。

第 4 章

思考过程中

不可避免的"偏差"

1

让人丧失理性的"偏差",到底是什么?

★ 人类思维的坏习惯——"偏差"

英语单词"bias"的意思是"偏差""偏离率",也就是"主观臆断"。

无论一个人认为自己是否有这种倾向,他都有可能陷入各种各样的偏差之中。你也有过根据一些毫无根据的主观臆断与固有观念行动的时候吧,有时还可能因为这些偏差做出不理性的决定。

例如,如果你在暑假刚开始时就认为"作业轻轻松松就能写完",那么你很可能已经陷入了一种偏差——"规划谬误"(第4章第7节)。

之前提到启发式思考下的直观判断会出现错误,也是受到了偏差的影响。要想不受影响,做出理性判断,就要了解偏差的种类,并且接受自己做事也是有偏差的事实。了解人类容易陷入的偏差,可以帮助我们排除"主观臆断",做出合理的决策。第4章将为大家介绍有代表性的偏差,相信各位能找到一些共鸣——"我可能也是这么想的""失败的原因可能就是这个"。

人类容易陷入各种各样的偏差

》 当下偏差（本章第 2 节）
人类容易看重当下利益

》 安于现状偏差（本章第 3 节）
人类害怕麻烦，所以比起尝试新鲜事物，更愿意安于现状

》 主观验证（本章第 4 节）
人类都想肯定自己，所以只愿意收集对自己有利的信息

》 从众效应（本章第 5 节）
人类愿意与群体趋于一致，这样能使自己安心

》 少即是好效应（本章第 6 节）
越是难得到的东西，就越容易让人觉得价值高

》 规划谬误（本章第 7 节）
人类总是低估完成一件事需要的时间

》 锚定效应（本章第 8 节）
人类总是把看到过的标准，当成进行判断的标准

》 保守倾向（本章第 9 节）
人类总是喜欢选择中间的选项

》 沉没成本谬误（本章第 10 节）
人们对于花了金钱和时间的东西，在中途放弃时会觉得舍不得

》 框架效应（本章第 11 节）
对同样的事情，用不同的叙述方式会给人不同的印象

》 禀赋效应（本章第 12 节）
人类舍不得放弃自己拥有的东西或当前所处的环境

以上列举的偏差，是人人都容易陷入的主观臆断或是容易误解的一些事。除了这些之外，还有哪些偏差呢？动手查一查吧！

第 4 章　思考过程中不可避免的『偏差』

2

让人囿于眼前、推迟长远目标的"当下偏差"

★ 输给眼前的诱惑是人之常情?

你有过这样的经历吗?原本计划攒够零花钱,给自己买个新手机,可是看到喜欢的文具和漫画就忍不住去买,最后总也攒不够钱。

看到喜欢的东西,就想"要攒够买手机的钱,还要花不少时间呢",于是搁置了买手机的目标,去满足眼下的欲望。事后再后悔,痛恨自己又乱买东西,发誓再也不这样做了。可到了下次总会重蹈覆辙,虽然每每都悔恨不已,但却丝毫没有办法。这是因为人人都有一种叫做"当下偏差"的认知偏差,比起长远的巨大利益,人们往往会被眼下的小利益所诱惑。

那么问题来了,你会选择哪一个呢?

①现在立刻获得 10 000 元

② 1 年后获得 15 000 元

把 10 000 元存银行,1 年也挣不了 100 元利息。而选择②的话,多等 1 年就能多拿 5 000 元,明显更划算。即便这样,很多人还是想立刻拿到钱,选择了①。理论上来讲多等 1 年比较明智,但大家等不了,会选择追求眼前的利益。

"当下偏差"是什么？

当下偏差

比起"长远而巨大的利益",人类更倾向于"眼前的蝇头小利"。也叫做"当下享乐偏差"。

追求眼前的利益,也许当时会觉得赚到了。可事实上别说赚,很多时候反而会亏。

避免陷入"当下偏差"的方法

- ☐ 了解自己有看重"当下利益"的倾向
- ☐ 思考时注意比较"当下利益"与"长远的巨大利益"
- ☐ 为了避免拖延,面对复杂的事也制订计划,形成习惯
- ☐ 制订一些对策,比如惩罚措施等,避免拖延
- ☐ 远离可能造成拖延的源头事物

- 你有经不住眼前诱惑的经历吗?
- 你做事的时候爱拖延,还是不爱拖延呢?

3

让人乐于保持原样的"安于现状偏差"

★ 总是安于现状,就会跟不上时代!

虽然智能手机很方便,但依然有人使用键盘手机。在智能手机时代,使用键盘手机的理由各不相同,不过相信有不少人都是因为"感觉换成智能手机很麻烦"。用惯了智能手机的人肯定认为使用智能手机更加方便,但是用惯了键盘手机的人肯定觉得换成智能手机还要学很多新的操作方法,很麻烦。

世界上总会出现新产品或新服务,这些新事物往往性能优越、使用方便。既然如此,以"麻烦"为理由逃避新事物的做法,真的理性吗?

例如,以前转账需要到银行柜台办理,而现在用智能手机随时随地就能操作,而且大概率手续费还更低。即便这样,依然有人害怕改变,专门花时间到银行,支付更多的手续费进行转账。

虽然并不是每种新事物都值得大家尝试,但是如果"安于现状偏差"太过严重,就容易被时代抛下,损失更多的时间与金钱,承受更多不便。

"安于现状偏差"是什么？

安于现状偏差

指规避变化和新事物，期待保持现状的倾向。
认为变化会摧毁一直以来的安稳状态，执迷于保持现状。

> 我爷爷到现在还用着键盘手机，我们劝他换个智能手机会更方便，怎么说都不听，可能就是因为"安于现状偏差"太强了！

避免陷入"安于现状偏差"的方法

- ☐ 听取他人的意见
- ☐ 计算一下维持现状的话会遭受多少损失
- ☐ 理解不接触新事物就无法进步的事实
- ☐ 问问自己，麻烦的事儿是不是反而值得做呢
- ☐ 多思考"保持现状真的好吗""没有更好的方法了吗"

- 你是不是也以"太麻烦了"为理由，放弃改变、一直拖延呢？
- 你认为保持现状的话，会变得更好吗？

第4章 思考过程中不可避免的『偏差』

4

只相信自己乐于相信之事的"主观验证"

★ 人们不希望自己信任的事物遭到否定

假设你已经长大成人,有了自己喜欢的人。如果你的朋友说了有关这位心上人的好话,你听到后八成会觉得"不愧是我喜欢的人"。而如果朋友说的是坏话,那你可能会觉得"这种谣言不信也罢",直接当耳旁风了。

只相信自己愿意相信的事,不愿意相信的就当没听见,这种倾向叫做"主观验证"。

没有人愿意听坏话,因为它攻击了自己信任的事物。但如果完全视而不见,就无法基于事实做出正确判断。因此,聪明的人面对批评也能坦然接受。他们会对其提出质疑,并且通过查阅书籍、征求不同人的意见等方式,避免陷入错误与主观臆断之中。

了解负面消息,才能及时应对问题。早些发现喜欢的人有问题,就能在结婚之前及时分手止损。如果无视负面消息草率结婚,那可就麻烦了。只相信好消息,无视坏消息,迟迟不愿意接受现实,问题只会变得越来越大。

"主观验证"是什么？

主观验证

主观验证是指收集对自己有利的信息，对与自己想法相悖的信息和坏消息一律无视的倾向。

害怕坏消息的人总是想逃避现实，可是这样会持续引发问题，还容易被责备。

避免陷入"主观验证"的方法

- ☐ 了解自己也会有"主观验证"的偏差
- ☐ 学会质疑自己相信的事物
- ☐ 提醒自己不要无视坏消息
- ☐ 确认自己先入为主的观念以及对某些事物的信任是否有根据
- ☐ 听取他人的意见，哪怕是反对意见

- 你有过只接受好消息的经历吗？
- 你有没有过感觉"要是早点知道这个坏消息就好了"的时刻呢？

第 4 章　思考过程中不可避免的『偏差』

5

喜欢与大家保持一致的"从众效应"

★ 和他人保持一致令人安心,却不一定是正确答案

当你想吃拉面的时候,正好找到了两家相邻的拉面店。其中一家的客人满满当当,而另一家还空着一大半座位。

此时,你可能会觉得"肯定是人多的这家更好吃!就选它了"吧!这是因为与更多的人保持一致,能给人一种莫名的安心感。我们把这样的倾向叫做"从众心理"。

然而,和大家采取同样的行动不一定就是正确的。比如,人满为患的这家拉面店不一定合自己的口味,也说不定原本是另一家店人更多,有10个结伴同行的大学生找不到座位,没办法才进了原本人少的这家店,正好坐满了。

在学校里老师要求举手回答问题的时候,明明自己想举手,一看周围的同学没有一个人举,就开始犹豫不安,默默把手放低了些。你有过这样的经历吗?这是因为"从众效应"在作祟。大多数人认为在这种情况下举手是不正确的选择,然而,和大家保持一致并不一定就是正确的。

"从众效应"是什么?

从众效应

不知道该怎么做时,就会不自觉地和其他人保持一致,认为这个选择是正确的,能让自己安心。

确实是不管多有自信,只有自己与众不同的话,就会感到不安。如果大家都举手了,我想我也会举手的吧……

避免陷入"从众效应"的方法

- [ ] 了解"从众效应"的概念,知道与他人保持一致会让人感觉安心
- [ ] 明白做出与他人相同的选择并不一定就是正确的
- [ ] 有把握的时候,不要受周围影响,要坚持自己的看法
- [ ] 设定自己的标准,不随波逐流
- [ ] 拥有坚信自己是正确的并敢于执行的勇气

- 随波逐流地做某事,结果却违反了规则,你有这样的经历吗?
- 你认为从众效应对团结合作有帮助吗?

6

越是得不到就越想要的"少即是好效应"

★ 限定商品受欢迎的原因

珍珠奶茶最流行的时候,很多人愿意排队几个小时去买,到了现在就几乎看不到排队的人了。这是因为奶茶店铺的数量激增,珍珠奶茶的稀有性(不容易得到的性质)消失,自然就没有人排队了。

相信大家并不是突然讨厌喝珍珠奶茶了,只是当时排队的人认为珍珠奶茶好喝,排多长时间的队都值得,而现在他们根本不想排队。

人类总是容易从难以得到的东西那里感受到价值,这就是少即是好效应。一听到"季节限定""数量限定"就想买,这也是少即是好效应在作祟。珍珠奶茶确实好喝,可是让它获得如此高的人气,使大家都想喝的最主要原因,恐怕要归于"很难喝到"这一点。

我们在各类店铺里经常能看到"限定"这个字眼。它也是一种销售策略,营造商品稀缺的氛围,目的是让客人对本来不那么感兴趣的商品产生兴趣。会为这些策略买单的伙伴们很容易产生不必要的开销,一定要注意这一点。

"少即是好效应"是什么？

少即是好效应

指一种思维习惯，认为难以得到的东西价值更高。

我妈妈对"限定"这个词的抵抗力几乎为零，买了好多不需要、买回来也不用的东西，她自己也很后悔，怎么办才好呢……

避免陷入"少即是好效应"的方法

- ☐ 了解人类容易被稀有的事物吸引的特质
- ☐ 冷静思考到底是稀有性带来的吸引力，还是东西本身就有吸引力
- ☐ 稍微搁置一些时间再考虑，看看是不是依然想要
- ☐ 回想一下看到"限定""稀有""最后"等字眼之前的感觉
- ☐ 复盘以往的失败与浪费经历

- 你有没有想买"限定商品"的经历呢？
- 你有没有因为稀有性而购买某件物品，到手后立刻对其失去兴趣的经历呢？

第4章 思考过程中不可避免的『偏差』

7

过于乐观的"规划谬误"

★ 自己的计划总是不合理?

我们在做某事时,会预计大概什么时候能做完,然而很多时候并不能如愿。也许有很多人会因为总是不能按计划完成而苦恼。

暑假作业就是个典型例子。假期快结束时,我们总会懊悔没能按照计划完成作业,在心里默默发誓"明年一定要按计划完成"。然而到了第二年又会想"暑假还长着呢,不急于一时",最后重蹈覆辙。像这样,制订过于乐观的计划就叫做"规划谬误"。人类有这样一种倾向,即"以理想状态为前提制订计划"。

为了避免陷入这样的境地,就要认识到自己存在因为"规划谬误"而无法按照计划行动的问题。在这个基础上回顾过去,看看具体执行情况是怎样的,并找到自己的解决方式。比如,"本来计划3天完成,但之前大部分任务都花了2倍以上的时间,那就改成6天吧"。

"规划谬误"是什么？

规划谬误

指明明有过无法按照计划执行的经历，却在制订新计划的时候再次过于乐观。

原来暑假作业总是到最后才能完成，是因为"规划谬误"啊！还是别过分相信自己，制订一个相对宽松的计划吧！

避免陷入"规划谬误"的方法

- ☐ 承认自己容易陷入"规划谬误"
- ☐ 计算完成一项任务实际花费了多长时间，并与自己的计划做对比
- ☐ 人不可能一直保持良好的状态，所以制订计划不能过于理想
- ☐ 事先考虑到计划无法顺利执行的情况，留够时间余量
- ☐ 请其他人帮忙看看计划是否合理，是否能够顺利进行

想一想

- 你认为自己容易陷入"规划谬误"吗？
- 你做事的时候，是不是很少有超前完成计划的时候呢？

8

被先前见到的数字影响的"锚定效应"

★ 店铺擅长用"折扣"吸引人消费？

当你在服装店拿起一件衣服，看到价签上的金额从"1 500元"变成"980元"时，你会不会觉得"好便宜！好想买！"呢？但如果价签上只写着"980元"的话，你还能感受到同样的吸引力吗？恐怕还是从"1 500元"打折到"980元"的情况更吸引人吧。这是因为我们受到了最初看到的数字"1 500元"的影响，感觉发生了变化。这就叫做"锚定效应"。

电视购物节目经常使用这种手段，明明可以直接定价300元，非要说些复杂的话术："原价600元，现在只要400元！1个小时之内下单还能再优惠100元，只要300元就能入手！"这种手段十分常见，就是利用了锚定效应。人们在购入的时候觉得划算，过不了多久就后悔了。这多半是因为我们根本不想要这种东西，只是一时被"折扣"迷了眼而已。锚定效应这种偏差，与"锚定与调整启发式"（第3章第12节）有很深的联系。参考以下方法，能够有效减少"当时为什么要买它啊"这样的后悔。

"锚定效应"是什么？

锚定效应

"锚定"，指最初看到的数字或条件成为大脑中的基准，并对之后的判断产生影响。

> 我妈妈总是说"好便宜，买下吧"，可我觉得她是被商家的"锚定效应"战略给骗了……

避免陷入"锚定效应"的方法

- ☐ 理解人类容易被最初看到的标准影响
- ☐ 思考自己如果没有看到最初的标准的话，会做出怎样的决定
- ☐ 如果不知道该怎么决定，就先冷静一会儿再思考
- ☐ 有时间的话，多调查一下最初看到的标准
- ☐ 培养按照自己的标准考虑问题的能力

 想一想

- 你有过被折扣吸引而购买商品的经历吗？
- 你认为因为价格便宜而购入不需要的商品是理性的行为吗？

9

选择中间选项的"保守倾向"

★同样的价格，感觉却变了？

去吃午餐时，如果菜单上只有两种套餐，分别是118元（高级）和98元（普通），你会选择哪一个呢？如果变成138元（松）、118元（竹）和98元（梅）三个价位呢？

许多人在面对两个价位的时候，会认为118元贵，从而选择98元的套餐。可是变成三个价位时，又不会觉得中间的118元有多贵，认为它值这个价格，从而倾向于选择这个套餐。

当存在三个价位时，人们倾向于选择中间那一个。这叫做"保守倾向"，又叫"松竹梅法则"。在第1章第2节的例子中选择中间"竹"套餐的人，就有这种保守倾向。

不可思议的是，可选择的价位一变，人们的判断标准就也变了，对于同一个价格，有的时候觉得贵，有时觉得便宜。这是因为人人都有避免损失的心理——"不愿意要太贵的""便宜的又不能让人满足"。商家就利用这种消费心理，把希望顾客选择的商品设置为三个选项的中间项，制作出了对应的菜单。事实上，即使你觉得是按照自己的标准做出的决定，也可能受到了对方营销策略的影响。

"保守倾向"是什么？

保守倾向

人类面对三个及以上的价位时，有选择中间价位的倾向。

> 确实是这样，我也总选中间的价位。以后我要尽量避免"保守倾向"，选择自己真正想吃想要的东西！

避免陷入"保守倾向"的方法

- ☐ 承认自己有"保守倾向"
- ☐ 仔细考虑自己真正想要的是什么
- ☐ 在做选择的时候，放弃虚荣心，不要在乎别人的眼光，别再考虑"要是选了最便宜的套餐，也许别人会觉得我很抠门"之类的事情
- ☐ 想一想假如只有便宜的商品，自己是否能够得到满足
- ☐ 如果某一个价位定价超高，那可能是商家的销售策略，以此吸引顾客购买中间价位的商品

- 你之前是不是也喜欢选中间价位呢？
- 你有没有明明喜欢的是最贵那个价位的商品，或者最便宜价位的商品就能满足需求的时候，却依然选择了中间价位商品的经历呢？

10

想放弃又舍不得？
"沉没成本谬误"

★ 沉迷网络游戏的人容易陷入这个谬误

玩手游的人最开始往往都不花钱，随着游戏等级的提升，为了让游戏更加顺利地进行，就开始想要氪金（指充值行为）抽齐道具和角色等虚拟物品。

可即使氪金了，也不一定能马上抽到想要的东西，于是就想一直抽，直到抽到为止。一旦开始氪金，游戏就很难放弃了。因为人们会想："都花了这么多钱（投入了成本），放弃的话太可惜了。"

沉迷游戏的原因之一是"沉没成本谬误"。沉没成本谬误指不想浪费已经投入的金钱、精力和时间，明知继续下去会有损失，却无法抽身而退，做出了错误的判断和选择。因此人们对于氪过金的游戏更加难以放弃，容易沉溺其中。

有的人即便觉得用自己零花钱买的书内容没意思，也要勉强读到最后。阅读无聊的书，不就是在浪费时间吗？也许能想明白"看无聊的书就是在浪费时间"的人，才更加理智。

第4章 思考过程中不可避免的「偏差」

"沉没成本谬误"是什么？

沉没成本谬误

指人们因为害怕已经投入的成本（金钱、时间等）会付之东流，不能做出理性的判断。

> 大概是觉得投入了这么多成本，放弃也太可惜了吧。我完全能理解陷入沉没成本谬误的人的心情。

避免陷入沉没成本谬误的方法

- ☐ 承认自己有可能陷入沉没成本谬误
- ☐ 在考虑继续还是放弃的时候，不要纠结已经产生的成本
- ☐ 提前给自己定下一个金钱与时间成本的上限
- ☐ 冷静计算一下如果继续下去的话，损失会有多大
- ☐ 无法收回的成本，就让它过去吧

- 你吃自助的时候有想过要吃回本吗？为什么会这么想呢？
- 你一开始排队，就一定要排到才能罢休吗？

11

同样的事实，不一样的反应 "框架效应"

★ 选用不同的语言表达方式，
同一件事给人的印象也会不同

我们经常在网上看到类似的广告宣传，如"95%的顾客认为有效果"，而同样意思的"5%的顾客认为没有效果"就完全看不到，这是因为后者不能激起人们的购买欲。

"月费30元"和"年费360元"，只是表达方式不一样，每年需要支付的总金额并没有什么区别，然而"月费30元"听起来负担是不是要小一些呢？

你考试得90分的时候，应该不会跟家里人说"还差10分才能到100分"。这是因为"得了90分"的说法给人的印象更好一些。

同样的意思，受关注的角度不同，给人的印象就不一样。同一篇文章也是，强调的部分不同，读者的感受就不同，后续的行为也会出现变化。

同样的意思换一种表达方式，给人的感觉就截然不同，这就是"框架效应"。因此，同样的意思换不同的表达方式，很可能对人购买与否、行动与否产生影响。

"框架效应"是什么？

框架效应

同样的意思用不同的方式表达，给人的印象不一样，甚至会影响人们的判断。

难道电视购物都利用了"框架效应"激发消费者的购买欲？以后我要注意点儿。

避免陷入"框架效应"的方法

- [ ] 了解"框架效应"会改变人的感觉
- [ ] 养成从另一个角度看问题的习惯
- [ ] 在"损失厌恶"（第3章第10节）的基础上考虑"框架效应"
- [ ] 碰到宣传语过于夸张的广告，先想想它是不是利用了"框架效应"赚印象分
- [ ] 0.2kg和200g是一样的，给人的印象却不同，类似的问题要多注意

- 找一找身边的"框架效应"。
- 某些情况对自己不利的情景下，你有没有利用"框架效应"给自己找过借口呢？

第4章 思考过程中不可避免的『偏差』

12

认为自己拥有的东西价值更高的"禀赋效应"

★ 已经拥有之物就会难以割舍了？

你的家人会不会经常说："东西太多了，想做一次断舍离让家里更整洁！"可是他们最后永远停在看网上断舍离攻略的那一步。断舍离指"扔掉不需要的物品，放下对那些物品的眷恋，收获轻松愉快的生活与人生"，可是很多人做不到这一点。这是因为我们受到了一种叫做"禀赋效应"的认知偏差的影响。

禀赋效应指人们对已拥有物品的价值评估高于未拥有该物品时的价值评估，丢掉自己拥有的物品会觉得可惜。

在第2章第2节中，人们不想扔掉不会再穿的昂贵衣服，就是受了"禀赋效应"的影响。

一个人一年多没骑独轮车了，还想着"没准儿还会骑"，总是舍不得把它处理掉，却能给同样搁置了独轮车的朋友提建议"要是不骑的话干脆处理了呗"。这也许就是因为他觉得自己的车要比朋友的车价值更高。

人类有这样一种倾向——即使不再需要某种拥有的东西了，也不愿意失去它。

"禀赋效应"是什么？

禀赋效应

指一种心理倾向——当某件物品成为囊中之物之后，自己就会觉得它比入手前的价值更高了。

> 其实老师有时也无法舍弃某些不需要的东西，但是最后也没用上它们……

避免陷入"禀赋效应"的方法

- ☐ 承认自己也会受到"禀赋效应"的影响，无法舍弃一些东西
- ☐ 想一想如果这个东西不是自己的，现在还会购买它吗
- ☐ 思考一下他人会怎样判断自己拥有的东西的价值
- ☐ 对于很长时间都没用过的东西，思考一下它们是否还有留下的必要
- ☐ 想一想那些扔不掉的东西，在以后还能发挥什么作用

- 你家有没有很多年没用过，但一直舍不得扔的东西？
- 你认为以后还会用到这些扔不掉的东西吗？

未来实验室

社会是进行经济实验的场所？

经济学家们经过复杂分析提出了许多不同的理论，但是人类并不总是按照经济学理论行动。因此，即便我们根据经济理论修改了相关制度，也无法预测整个社会的经济走势是好是坏。

为了弥补理论与现实之间的差距，行为经济学应运而生，但是它也并不能解释所有问题。

于是又出现了一个新领域，即实验经济学，不过经济学的实验不像化学实验，它不能在研究室里完成，也没有直观的化学变化能提供明确的研究结论。

例如，如果要通过经济学实验证明"当外国移民大规模进入日本后，日本人的收入将会减少"这一论点，应该怎样做呢？可以肯定的是，我们不可能把大批外国人全都集中到实验室。这时我们用的方法是"田野实验"。把现实社会当作实验环境，观察事件发生的原因与结果，思考事件之间的因果关系，确定某个特定条件对结果会产生怎样的影响，等等。

第 5 章

引导人心的 "助推理论"

1

获得诺贝尔奖的"助推理论"是什么?

★ 助推是自然地引导人们做出更好的行为

假设你的朋友在喜欢的人面前总是害羞放不开。你要是不管他的想法,硬把他拽到他喜欢的人面前,就不叫助推。耐心劝解,让他主动接近他喜欢的人,这就叫助推。

行为经济学中有一个叫做"助推理论"的概念。简单来说,就像用肘推或者推后背一样,以自然的方式引导人们做出更好的行为。

理查德·塞勒因"助推理论"于2017年获得了诺贝尔经济学奖。本章将为大家详细介绍他的助推理论。

> **小 知 识**
>
> **自由主义的温和专制主义**
> 助推理论的核心思想,指不强制干预个人的行为与选择自由,只引导其做出更好的选择。它是由行为经济学家理查德·塞勒和哈佛大学法学院教授卡斯·R. 桑斯坦[①](Cass R. Sunstein)提出的。

---

① 哈佛大学法学院教授,行为经济学与公共政策研究项目创始人。其经典著作《助推2.0》中文简体字版已由湛庐引进、四川人民出版社于2022年出版。——编者注

第5章 引导人心的"助推理论"

助推理论是什么?

助推理论

助推理论是指不强制干预他人,就像用助推的方式那样,自然地引导人们做出更好的选择。助推理论是行为经济学的理论之一。

助推理论的提出者

理查德·塞勒
(1945年9月12日—)

芝加哥大学经济管理学院教授。他在助推理论方面的研究对行为经济学的发展做出了贡献。2017年,他获得了诺贝尔经济学奖。

听到诺贝尔经济学奖是不是有点望而生畏呢?其实助推理论并不难,是大家都能理解的,我们一起来看看吧!

我有点担心学不会,不过我会努力学习的!

想一想

- 如果别人强迫你做什么事情,你是不是会觉得不开心呢?
- 你的家人喜欢强迫别人吗?还是会循循善诱、慢慢引导呢?

2

助推理论的要素"EAST"

★ 助推理论有四大要素

在详细介绍助推理论之前,我们先来看一看它的四大要素。

简化(Easy)……人们更倾向于选择简单轻松的行为。

吸引力(Attractive)……人们更倾向于选择对自己有吸引力的事物。

社会性(Social)……人们容易受到社会规则的影响。

及时性(Timely)……人们容易对当下的事情做出反应。

提取每个要素的英文首字母后为"EAST",在英语中表示方向,是"东方"的意思。

我们之后将详细介绍这四个要素。有了"EAST"四个要素后,就能够起到像用肘推、推后背一样循循善诱的作用,引导人们改变行为。

助推理论在世界各地被广泛运用,引导着人们做出了更好的行为选择。

举个例子,当车站在地面画了线之后,人们就会留意不越过那条线,沿着线排好队。画好的线起到了让人们好好排队的"推后背"作用,这是一个典型的助推案例。

助推理论的 EAST 是什么?

asy
（本章第 3 节）
 简化

人们害怕麻烦，所以愿意选择简单轻松的行为

ttractive
（本章第 4 节）
吸引力

人们倾向于选择对自己有吸引力的行为

ocial
（本章第 5 节）
 社会性

人们在意社会规则以及他人的看法，容易做出与大多数人一致的行为

imely
（本章第 6 节）
及时性

同一个人在不同时机下的行为可能会发生变化

 一

- 找一找，看看学校哪里利用了助推理论，让大家的行为变得更好？

第 5 章 引导人心的『助推理论』

3

看一看助推理论"E"要素的例子

★ 人们会尽可能使用简单的方式做出决策

大家每天都要做出各种各样的决定,比如"今天回家后要马上做作业吗?""今天和谁一起玩呢?"等。

如果某天回家后家人问你:"今天晚上想吃什么呀?你可以从这15个菜里面选哦!"你是不是会觉得:"啊,竟然有15个选项吗?选起来好麻烦!"没错,做选择本来就是一件麻烦的事情。

如果15个菜品当中只有炒饭被标注为"今日推荐",且你并不讨厌炒饭,那么就算你本来想吃西餐,也会不自觉地冒出"选炒饭得了"的念头。"推荐"这个词,会引导人们做出对应的选择。

将复杂的决策过程简单化,引导人们选择特定的选项,是E(简化)的典型手段之一。

当家人不想做复杂的菜肴时,就可以将简单的炒饭定为今日推荐,引导你做出选择。如果你是负责做菜的一方,也可以选择相同的方法,引导家人选择容易做的菜品,为自己减负。

人类倾向于选择简单轻松的行为

> 人类害怕麻烦，更愿意选择简单轻松的行为

▶ **有哪些具体做法呢？**

❶ 默认效应

个体决策倾向于保留默认选项，利用这一点

例：
- 很多人对于默认设置不做修改，所以可以将默认设置设定为希望用户采纳的设置
- 将希望人们选择的选项设置为"特别推荐"，它就更容易被选择

❷ 最大限度减少麻烦的事情

人们都希望做不麻烦的事情，利用这一点

例：
- 画线之后，人们会自觉排队
- 为不爱做选择的人设置"特别推荐"

❸ 信息的简单化

人们倾向于做易于理解的事情，利用这一点

例：
- 用箭头代替词语，引导人们朝某个方向前进
- 改变电源键等重要按钮的颜色，让人们用起来更方便

> 生活中"被引导"的事情是不是很多呢？

- 你有没有过因为怕麻烦，马马虎虎做出选择的经历呢？
- 如果你并非选择方，而是引导别人做出选择的一方的话，你会怎么做呢？

第 5 章 引导人心的『助推理论』

4

看一看助推理论"A"要素的例子

★ 人们喜欢做有吸引力的事情

EAST 中的 A 表示"吸引力"。想必你也认为玩游戏、看短视频要比做家务和学习有意思得多,家里人再怎么催促你学习,你还是会被更有吸引力的事物吸引。这是人类的天性,没什么可责怪自己的。

助推理论是引导人们选择好的行为的学问。灵活应用 A 要素后,它就会引导你主动做家务或者学习,而不是玩游戏或者看短视频。

下图中的楼梯外观设计成钢琴的样子,当有人踏上键盘部分时,它还能发出声音。哪怕是平时有电梯就不会爬楼的人,如果面前出现这样的楼梯,也还是会感到好奇"啊,居然能出声哎",从而不由自主地迈上楼梯。此时,人们不会过多思量,自然而然做出选择。这段楼梯的位置在墨西哥地铁站,墨西哥人肥胖率较高,这段楼梯就是为了让胖人多运动而设计的。肥胖会带来各种疾病,这类巧思可以引导人们选择更好的生活方式,从而远离疾病。

人们更容易选择有吸引力的事物

ttractive

吸引力

人们更倾向于选择对自己有吸引力的事物

▶ 有哪些具体做法呢?

❶ 吸引兴趣

人类倾向于做感兴趣的事情,利用这一点

例:
- 为了让人们使用楼梯,将楼梯设计成钢琴外观,并且可以发出声音
- 为了让人们把垃圾扔到垃圾箱里,将垃圾桶设置为垃圾被投入后立即发出声音的模式

❷ 提供奖励

准备一定的奖励,让人们觉得不这么做就亏了

例:
- 新冠疫情的时候给就地过节的人发放大米和口罩
- 乘坐汽车时,戴上安全带就能看视频

在肥胖问题严重的墨西哥,被设计成钢琴外观的地铁站楼梯。当有人爬楼梯时,会有声音传出。这激发了很多人的兴趣,爬楼梯的人增多

- 回忆一下,你有没有被助推理论A要素引导行为的经历呢?
- 你有没有有奖励不拿就是吃亏的心理呢?

第 5 章 引导人心的『助推理论』

5

看一看助推理论"S"要素的例子

★ 人们在做决定时会考虑他人的眼光？

古希腊著名哲学家亚里士多德曾经说过:"人类是社会性动物。"人类作为社会性动物，无法完全独立地生活，必须生活在社会当中，所以多多少少都会在意别人对自己的评价，也会关注他人的行为。我们不会穿着睡衣去学校，不会在公共场合抠鼻屎，这都是因为在意他人的眼光。当其他人都在收银台排队时，我们会觉得大家都在排队，自己也不能插队，自觉排到队尾，这也是出于同样的原因。

这些都是人类社会的潜在规则，不用特别说明。引导人们意识到社会规则与他人眼光，并且做出相应行动，这就是助推理论的 S 要素。

假设教室里有一张海报，上面写着"本班 90% 的同学能够按时提交作业"。如果你总不写作业或者总不能按时提交，看到海报可能会觉得"啊！原来大家都能按时完成作业啊？我这样不行呀"。

S 要素正是利用了人类在意他人眼光的天性，引导人们进行更好、更正确的选择。

人们喜欢与他人保持一致

Social
社会性

> 人们会在意社会规则和他人眼光,从而选择随大流

▶ 有哪些具体做法呢?

❶ 让人们了解社会规则

人们会受到他人行为的影响,利用这一点

例:
- 宣传已经有很多人接种了疫苗,从而鼓励人们积极接种
- 通过几个人互相见面问好,带动更多人养成见面互相问候的习惯

❷ 吐露自己的目标

人们愿意遵守约定,利用这一点

例:
- 与周围的人分享自己的目标,促进行动落地
- 把目标写在手账本上,助力及早行动

不想和其他人分享的时候,可以把目标写在经常用的日历或手账本上,和自己做个约定,这样也有助于自己朝着目标迈进

- 你在意过别人的眼光吗?
- 当你得知自己的做法和周围人不一样时,会不会想要改变做法,与他们保持一致呢?

6

看一看助推理论"T"要素的例子

★ 时机不同,人们的反应也不一样

人们在某些情况下,会做出与平时完全不一样的行为。哪怕是平时不做的或是觉得麻烦不想做的事,在某些时机下,也可能毫无负担地完成。

比如,要是你的家人突然要求你"立个年度目标",那你肯定会觉得"为什么突然要让人立年度目标啊,好烦"。但是,如果家人是在新年伊始的时候提的这个要求,你可能就会积极思考,想一想自己有什么目标。多么奇妙啊,同样的人面对同样的问题,只是时间变了,他们的心态和行为就出现了变化。

目标随时都可以设定,按理来说什么时候思考都没关系。可是,许多人认为年初或新学年开始的时候才是制订目标的好时机。比起毫无意义的8月12日或者11月8日,1月1日和9月1日(开学日)更容易鼓起制订目标的干劲。

人们做事的动力不是一成不变的。同一个人的行为很容易改变,有的时候会斗志满满,有的时候就提不起兴致。而助推理论的T要素,就是利用了这一点。

人们在"好时机"更有执行力

Timely
及时性

> 人们在不同的时间点行为也不同

▶ 具体有哪些做法呢?

❶ 抓住时机

人们在合适的时机下行动会更有效

例：
- 小升初的时候向父母要求增加零花钱，更容易被满足
- 哪怕是没制订过目标的人，在新年时也更有制订目标的可能性

❷ 利用"当下偏差"（第4章第2节）

在快要见效或快有收益的情况下，人们更愿意行动起来

例：
- 每天测量体重，避免过量饮食
- 听到"现在购入有优惠"，就想购买

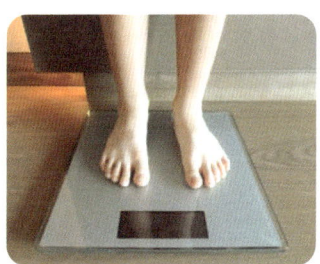

每天测量一下体重，这样当体重有增长苗头时可以及时发现，起到避免节食措施滞后的效果

- 你有没有过对待同一件事，有时干劲满满、有时提不起兴致的经历呢?
- 面对能马上看到结果的事，你是不是更加有干劲了呢?

第 5 章　引导人心的『助推理论』

7

不好的助推，可能变"淤泥"

★ 世界上有许多不好的助推！

助推行为不会强制干预他人，只是通过类似用肘推、推后背的方式帮助人们做出更好的选择。然而，如果滥用助推的方式，就没有办法帮助人们做出正确的、明智的选择，而是会将他们引入误区。这种"不好的助推行为"被称为"sludge"，在英语里是"淤泥"的意思。

举个例子，互联网上就有很多"淤泥"。很多网站都宣传"注册简单快捷"，为了让用户注册下了很大工夫。可要想注销这些网站却并不容易，网站也没有为用户介绍注销的方法。有的网站还故意把注销的流程做得十分复杂，比如必须要打电话才能退费等。通过各种各样的方式阻止用户注销，让用户认为"好麻烦，干脆不注销了"。

如果这样的淤泥越来越多，受其困扰的人就会增加，世界就不会变得更好。希望大家能够知道，世界上不仅存在"助推"，也有很多阻碍发展的"淤泥"。

不好的助推"淤泥"是什么?

淤泥

指不好的助推行为,阻碍人们做出正确的选择与明智的决定。

 淤泥有两种类型,一是"诱导人们做出错误选择",二是"妨碍人们做出正确选择"。

--- 淤泥的具体示例 ---

"诱导人们做出错误选择"的淤泥

例:初始设置中勾选了收费选项
→ 即使是不想勾选收费选项的用户,也会被诱导交费。

"妨碍人们做出正确选择"的淤泥

例:把注销手续设置得特别复杂
→ 将手续设置复杂,让用户知难而退,放弃注销

 确实,阻碍世界变得更好的淤泥,就和阻碍管道通畅的淤泥差不多!

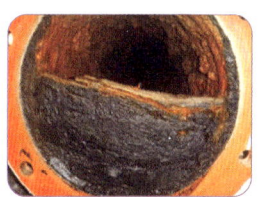
图中阻塞在管道里的淤泥就是 sludge 的语源

第 5 章　引导人心的『助推理论』

- 想象一下,什么人会设置"淤泥"呢?
- 试着寻找一下周围的"淤泥"。

093

8

用"促进"达成比"助推"更好的效果

★ 有意识地做出更好的选择!

助推是指为了使世界变得更好,通过"用肘碰、轻推背"的方式,非强制性地帮助人们做出更好选择的行为。如果世界可以通过人们的引导变得更好,也许我们可以在轻轻助推的基础上,再稍微加一把力。这在英语中叫做boost,也就是"促进"的意思。

促进和助推一样,都对人们的思考和行动产生影响。然而,它们之间也存在着巨大的差别。助推影响的是"直觉思考",它引导人们在不知不觉中做出更好的选择,但是人们并不十分了解自己做出选择的原因。如果之后碰到了同样的情况,缺少了助推的因素,人们很可能并不能做出好的选择。这说明助推起到的作用缺乏持续性,人们在没有助推行为帮助的时候就无法做出好的选择,需要时时刻刻依靠助推,这是一个很明显的缺点。

促进则能帮助人们进行理性思考。与助推帮助人们在不知不觉中做出更好的选择不同,促进是帮助人们"根据明确的理由"做出更好的选择。

从"助推"到"促进"

第 5 章 引导人心的『助推理论』

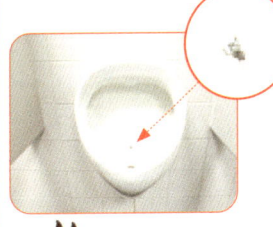

- 最有名的助推案例
  男性小便池的"苍蝇贴纸"

女孩子们也许没有见过,这是专门贴在小便池上的"苍蝇贴纸",有助于减少男卫生间的清扫成本。它也是一种助推,利用了"人们会不自觉瞄准目标"的心理特性,成功减少了卫生间地面脏污的情况。

 有了这个,大家就会不自觉地对准苍蝇尿尿哎。

 你知道为什么要贴苍蝇贴纸吗?

 是不是为了让大家有点乐趣?

 这是防止人们尿到小便池外边、弄脏地板的对策,也是一种助推。哪怕大家不知道苍蝇贴纸是用来干什么的,也能自然而然地保持地板的清洁卫生。

 原来是这样啊!

如果人们知道贴苍蝇贴纸的原因,明白了"必须要尿到小便池里",那么当撤掉苍蝇贴纸后,人们也会格外注意,不尿到便池外边。这就是"促进",它可以帮助人们进行更好的自主选择。

 想一想

- 注意到"助推"因素之后,思考一下它的设置原因再行动,是不是更好呢?

未来实验室

与脑科学结合的"神经经济学"是什么?

行为经济学是心理学和经济学的融合学科,它从心理层面出发,研究人的行为。近年来,一门更新的学科"神经经济学"得到了广泛关注。

神经经济学不仅从心理层面开展研究,还从大脑的状态出发研究人的行为。之前提到过,行为经济学是分析传统经济学无法解释的行为的学科。而神经经济学则致力于解决传统经济学与行为经济学都无法解释的问题。具体来说,它通过观察大脑各部分在某种情况下的反应,试图解释人们是如何做出决策的。例如,观察在特定情况下,掌控喜怒哀乐的情感中枢"大脑边缘系统"及掌控理性的"前额区域"是怎样反应的、是否活跃等,看看它们是怎样对人类行为产生影响的。

随着科技的进步,我们对大脑运行机制的观察一定会更加深入,而"神经经济学"也必将受到更多的关注。

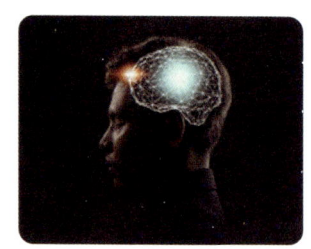

第 6 章

在日常生活中运用

行为经济学

1

掌握向家人要礼物的小妙招

★ 把想要的礼物放到中间，也许能顺利要到！

当家人问你："想要什么生日礼物呀？"你会不会感到不好回答呢？这时，你可以根据人们不喜欢选择极端选项的特点，试试利用"松竹梅法则"（第4章第9节）。

例如，如果你想让家人送你一部新款的中档手机（价格为3 000元）作为生日礼物，那么你可以提出三个备选项，分别是"比中档机贵的5 000元的手机""自己真正想要的3000元的中档机""1 000元的便宜低端机"。

如果你说想要5 000元的机型，很可能会被家里人骂："小小孩儿还挺敢要！太贵！"根本就没有继续商量的余地。当然直说想要3 000元的机型可能也会得到同样的答复。

但是，提供三个备选项后，家人的心情可能就不一样了。这就是利用了"松竹梅法则"，让对方倾向于选择中间的选项。

当然，家人也很有可能知道"松竹梅法则"，能看穿你的想法，最后只给你买了1 000元的手机。即使如此，大家积极运用了行为经济学的知识，这本身就非常有意义。

想一想让家人送自己喜欢的东西的战术！

马上就是你的生日啦，想要什么礼物呀？

给我买个3 000元的手机吧！

你这小孩儿，要的东西太贵了！选个便宜的！

有什么好的方法吗？

战术 利用"松竹梅法则"（第4章第9节），把想要的东西设置成中间项！

5 000元的高端手机肯定好，1 000元的便宜手机也没问题。不过我最想要的是3 000元的手机，如果能买给我的话，我一定会努力学习！

虽然这个战术不一定能成功，但如果成功了，多半是"保守倾向"（第4章第9节）起了作用，让家长不自觉地买了中间价位（3 000元）的手机。

- 如果你打算买一个蛋糕带去参加朋友的生日会，你会选择店里最贵或者最便宜的蛋糕吗？还是会选择一个也不算贵也不算便宜的呢？

第6章 在日常生活中运用行为经济学

2

打磨战术,多要点零花钱

★ 利用锚定效应也许能达成目标

应该有很多人想要更多的零花钱吧?如果你曾提出过这样的要求却没能成功,不妨试试运用行为经济学的知识,也许能达到理想的结果。

假设你现在的零花钱是 50 元,希望能增加到 100 元。你可以大胆地提问:"可以把我的零花钱涨到 150 元吗?"这是在利用"锚定效应"(第 4 章第 8 节),150 元就是"锚"。

如果你的家人同意了这个金额,那你就太幸运了。不过多数情况下,这个要求会被直接回绝。不过好在这个战术的关键,是让家人对这个金额有一个深刻的印象,遭到拒绝后可以一点点让步:"那 140 元怎么样呀?"如果一开始就跟家里人要 100 元,他们很可能拒绝,但如果先把 150 元作为锚,那他们认为"100 元可行"的概率就增加了。

但是,也请切记不要狮子大开口,比如一开始就要"300 元"这样离谱的金额,很可能会让家长愤怒,也就没办法再继续谈下去了。

想一想增加零花钱的方法!

我的零花钱只有50元,朋友们的都比我的多,下个月给我涨点呗!

你先说说想要多少,我再考虑要不要给你涨!

我想多要点零花钱,有没有什么好方法呀?

战术 利用"锚定效应"(第4章第8节),先稍微多要点儿,再慢慢降!

150元!如果不行的话,那就140元?130元?120元?那就100元吧!都降了好多了,就这样好不好?

比起直接说100元,先稍微多要点儿,让家长对这个数字有印象,再慢慢减少金额,这样更容易成功。

● 以前你提出增加零花钱的要求时,一开始有没有稍微多要点儿呢?

3

不要落入商家的消费陷阱

★ 不需要的东西多便宜都没必要买

商家利用行为经济学设置了很多圈套。最常见的一种是"啊,真便宜!"战术。

"5折!""史无前例的大特价!""特惠价!"

这些宣传标语都充满了吸引力。当我们为这些有吸引力的宣传标语动心时,就问问自己:"如果没有看到这些煽动性的宣传语,我还会想买这些商品吗?"

如果你一直想要买某件商品,只是因为它的价格太高而犹豫不决,那么在它降价的时候购入不失为明智之选,买了之后也没什么可后悔的,你心里还会觉得挺满意的。然而,如果是一件你从来没想过要买的东西,只是因为煽动性的宣传语而突然动心,认为"太便宜了、够划算",那就一定要小心了。哪怕是1 000元的商品打一折,只要100元就能买到,如果它不是你需要的东西,那么再怎么便宜也称不上值得。与其说"花了100元就买到了1 000元的东西",不如想"为了完全不需要、不想买的东西花费了100元",后者的观点才更加合理。

第 6 章 在日常生活中运用行为经济学

远离商家的圈套,不再后悔!

听见"打折"或"特价"就想买,可是之后又后悔,觉得白花钱……

你是觉得商品降价就等于划算,想捡个便宜吧?

可就是会被降价的东西吸引呀!怎么办好呢?

战术 看到有吸引力的"五折""特价"等字眼时,停下来思考,想一想是不是真的需要这个东西!

条件反射似的想买什么东西时,冷静下来思考,也许就能确切判断出是否真的需要这个东西!

无论多便宜,只要买的是不需要的东西,那就不划算,等于吃亏了。攒不下钱的人很多都是这样,觉得这个便宜那个划算,东一堆西一堆买很多东西。

想一想

- 你有没有过明明不想要,却因为便宜而买下某样物品的经历呢?
- 以后去店里买东西时,观察一下商家都利用了什么手段推销商品。

4

攒钱的诀窍是让自己没钱花

★ 利用默认效应可以存钱?

很多人踌躇满志地打算攒钱,"我要好好攒钱,明年买……"可是过了很长时间,这笔钱就是攒不下来。这是因为他们在不知不觉中零零散散地花出去很多钱。奇怪的是,这些人明明攒不下钱,却总以为自己能攒够钱,然后无穷无尽地重复相同的攒钱计划。如果真的想攒钱,他们必须要做出一些改变。

对这部分人来说,助推的方法之一"默认效应"(第5章第3节)是有效的。例如,假设一个人每个月的零花钱是100元,他想要攒下50元,可是到了下个月发零花钱的日子总会发现剩的钱不足50元,这时候的他就可以主动和家人商量:"可以每个月帮我从零花钱中代存50元吗?"如果家人同意,那么他拿到手的零花钱,就是自动存钱后的数额,也就相当于可以支配的零花钱的初始值就变成了50元。

如果钱不够用,跟家人说"我想用存下的那笔钱……"肯定会被训斥或责备,这时他就会觉得麻烦,"算了,将就着用剩下这点儿吧",这样就能够攒下钱。这就是通过巧妙地利用默认效应,将花钱本身变得困难了。

想一想成功存钱的办法!

明明想存钱,却不知不觉花光了,怎么都存不下。我还想年底前买个无人机呢……

明明想存钱,却都花光了,真是不会计划啊。看来你不是一个理性的人,你听说过默认效应吗?

是什么来着?好像听说过。用了这种方法就能攒下钱吗?

战术 利用"默认效应"(第5章第3节),从零花钱中预先扣除一笔。

我每个月的零花钱是100元,让妈妈帮忙存下50元,自己花剩下的50元。这样就能攒下钱啦!

"让别人帮忙存一部分钱",这样的初始设置是个不错的方法。自己可以用剩下的钱,想办法度过一个月。

- 存不下钱,并为此感到困扰的人,其实也想把剩余的钱好好攒下来吧?
- 存款多了之后,是不是就会产生"禀赋效应"了呢?

5

打破害怕失败的心理

★ "安于现状"看起来好像不错,实际大错特错!

你有没有过"明明想尝试一把……",却总是害怕"是不是会失败啊",最后也没能有所行动的经历呢?

正如第 4 章第 3 节所说的一样,因为存在"安于现状偏差",人们有"害怕新的变化""感觉尝试新的事物很麻烦"的心理是十分正常的。但如果彻底被安于现状偏差打倒,变得无法挑战任何新鲜事物,那可能就是件十分危险的事儿了。

举个例子。假设正在进行足球运动的你,抱有的想法是"为了保住首发位置,保持现状就好了""不想输掉比赛,就选保守踢法吧",那么接下来会发生什么呢?如果周围的朋友们与你想法相反,他们想着"我想踢得更好,要积极尝试新的训练方法""我要表现得更出色,不怕失败,积极挑战",通过努力使能力获得大幅提高,而你在队内的排名下降,最后你很可能被踢出首发的位置。

这一点同样适用于学习和未来的工作。如果你放弃新的尝试与挑战,而周围的人努力奋斗,那么你就无法达成维持现状的目的。这么一想,安于现状偏差要比失败可怕多了吧?

第6章 在日常生活中运用行为经济学

要害怕的不是失败,而是停止挑战!

挑战新事物太可怕了,我不敢挑战新的事物……保持现状就好了吧。

没有从不失败的人!不是说失败是成功之母吗?这样下去,你就被那些勇于挑战的人甩在身后了!

  我也想改改这个性格,不知道有没有什么好的办法啊……

战术 思考一下"安于现状偏差"(第4章第3节)的不合理性,以及拒绝挑战带来的坏处。

 自己维持现状,大家都努力挑战的话,自己就会被慢慢追平甚至被别人甩在身后。这比失败要恐怖得多。我现在觉得应该主动尝试新挑战了!

挑战一定伴随着失败,而且大概率会遇到困难。不过还是希望大家能够离开舒适区,打破"安于现状偏差"。

 想 一想

- 你有没有过因为害怕失败,不敢展开新挑战的经历呢?
- 勇于挑战的自己和惧怕挑战的自己,哪一个更好呢?

> 未来实验室

各种学问是彼此相关的！

行为经济学涉及经济学与心理学两个学科门类的知识，而以前从未有过把这两门学科关联起来进行思考的人。

大家在学校里学习各种各样的科目知识。也许你们会认为"语文和英语没关系""数学和家政课没关系"。然而，每种学科的知识都可能在意想不到的地方发挥效果，乍一看毫无关联的科目之间也许在某些地方存在联系。例如，无论是把英文翻译成中文，还是理解数学的应用题，都需要一定的语文能力。家政课的厨艺实习中要是缺了数学知识，就没办法把握准确的调料用量。

随着时代的进步，行为经济学这种跨领域的新学科会变得越来越重要。我们不知道哪些学科会在什么地方出现交集，所以最好能够拥有广泛的兴趣并尽可能多地涉猎不同知识，以助我们在将来获得收益，这样做也能极大拓展自己发展的可能性。

不擅长的学科知识，很可能在意想不到的地方起到作用

第 7 章

调整心态，善用行为经济学

1

顺从内心的想法最重要

★ 只从行为经济学的角度考虑问题就可以了吗？

处理很多事情时，合乎理性与逻辑的判断都比不合理的或是没有逻辑的更好。然而，合乎理性与逻辑的判断就一定是正确的吗？

比如，喜欢看短视频是合乎理性还是不合乎理性呢？如果总是考虑这个问题，那么好不容易看一会儿短视频的乐趣也荡然无存了。

人们都有自己的想法，在很多情况下会坦然遵从自己的内心。比如沉迷于游戏"我的世界"，就单纯是因为开心。当然也可以理解为是从众效应，"大家都玩，所以我也玩"，但是这么想的话就没有玩的乐趣了。快乐的事情能带来快乐，所以我们享受快乐就好了，没有必要总是寻求理性和意义，丢掉专属于孩子的纯真。

的确，如果我们的想法过于感性也不太好，容易被各种各样的认知偏差扰乱判断，但即使是行为经济学也鼓励大家遵从内心，享受热爱与兴趣，这是非常重要的。

当过于感性的行为导致出现负面效应时，积极运用行为经济学的知识，慢慢调整思路，最终达到一个比较好的状态，这样就可以了。

第 7 章 调整心态，善用行为经济学

不用想太多，对喜欢的事物坦然地继续喜欢下去吧！

- 总用得失的眼光评判喜欢的事物，是不是很累呢？
- 想一想，如果每个人都只依靠理性去行动，世界会变成什么样子呢？

2

交朋友也要算计得失吗？

★ 从得失角度选择朋友，交不到真正的好朋友

学习了行为经济学的知识后，大家对于诸多事物的判断方式可能有了一定程度的改变。比如在交朋友这件事情上，如果从得失的角度考虑，可能就会出现类似这样的想法——"那个人总是让我帮助他学习，却什么都不教我，当朋友的话就亏了""我不怎么喜欢那个人，但是他会借给我想看的漫画，当朋友的话就赚了"。

然而，你和你现在的好朋友，想必并不是因为能占到便宜才变得亲密的。好朋友那儿也许并没有你想看的漫画。即便如此，你还是觉得和他聊天很开心、很亲近，想和他一起玩，这样关系才逐渐亲密的。

谁都有一套对他人的好恶判断标准，但是这个标准不是大脑——思考后得出的。如果从得失角度选择朋友，那么这个好恶判断标准就会变得十分奇怪。

本章上一节提到过，只要坦然地跟随自己的感受即可，其实对人也是一样的。大家可以试着问问自己的家人，想必他们也都没有通过分析利弊得失交到的好朋友。

第 7 章 调整心态，善用行为经济学

怀着得失心去选择朋友，也许并不能找到真正亲密无间的好朋友！

- 你怎么选择朋友？是怀着得失心，还是凭着自己的好恶来判断呢？
- 如果你的好朋友觉得和你做朋友很划算，你的心情会怎么样呢？

3

别忘了"吃亏就是占便宜"

★ 只顾眼前的利益,也许会吃大亏!

"不想吃亏"是十分正常的想法,可如果这种想法过于强烈,导致什么事情都要用行为经济学来判断的话,就值得商榷了。

希望大家记住一句话,就是"吃小亏占大便宜"。它的意思是我们要明白眼前暂时的损失,可能会在将来带来巨大的收益。

举个例子。假设有一家新店为了多赚钱,以离谱的高价售卖商品。也许最开始会有不懂行情的人购买,或者凭着商品的稀有性赚取了一笔利润。然而,只要"太贵了!""太黑了!"等差评在网络平台等渠道传开,顾客就不愿意再来了。从长远角度上讲,丢失客源是非常大的损失。

松下集团的创始人,被称为"经营之神"的松下幸之助曾经谈过"吃小亏占大便宜"的重要性,如右页所示。虽然这些话是对生意人的建议,但是同样适用于小学生。"不想吃亏"的想法如果太强烈,就容易以自我为中心,谁都不想和这样的人做朋友或者为他提供帮助,这难道不是未来的巨大损失吗?

经营之神眼中的"吃小亏占大便宜"

被称为"经营之神"的松下创始人

松下幸之助(1894年11月27日—1989年4月27日)

日本和歌山县人。9岁从小学退学到大阪工作。1918年创立了松下集团,并带领其成为知名企业。

我从小就常听父母教诲,说商人就是要"吃小亏占大便宜"。虽然说法有点老套,但它主要是说,不愿意吃亏的商人不可能成为成功的商人。我认为它不仅适用于商业领域,还适用于人类社会大大小小的事情。

大家有没有陷入"不想吃亏,光想占便宜"的怪圈呢?

- 你有没有看重眼前利益,后来却吃亏了的经历呢?
- 你怎么看待只注重个人利益的行为呢?
- 你行动时会考虑周围人的利益吗?

第7章 调整心态,善用行为经济学

4

凡事只追求理性，生活也会很无聊

★ 人生也不必事事都有意义！

当我们掌握行为经济学的知识后，就能够更加理性地行动，减少金钱的损失，避免时间的浪费。确实，理性高效、高质量地完成生活中的大小事是非常重要的。

不过，如果只顾着追求理性，人生的乐趣可能会减少很多。的确，学习可能比游戏更加有意义，可如果大家想"买游戏花的钱和玩游戏花的时间都是浪费，还不如干脆不碰"，那就没什么意思了。"玩完游戏了，接下来要好好加油学习"，像这样看起来没什么意义的事情，可能会为之后需要努力的事情提供动力。每次出去吃饭都光顾着盘算菜品的价格是否合理，怎么可能开心呢？恐怕还是"想吃就吃"更能带来好心情。

理性的判断十分重要，可如果追求百分百的理性就有点强人所难了。行为经济学是一门非常有用的学问，可说到底它只是幸福生活的手段，而不是目的。快乐的消磨时光并非毫无意义，吃小亏后也许能占到大便宜。并不是什么事情都依据理性做出判断，就能获得幸福。

第 7 章 调整心态,善用行为经济学

理性的判断虽然很重要……

我想利用行为经济学的知识做出 100% 合乎理性的判断!

绝对不想吃亏!

必须要有收获!

我想利用行为经济学的知识尽可能地做出合乎理性的判断!

偶尔吃点小亏也没什么

尽量能有收获!

你认为成为百分百理性的人,人生就会更快乐吗?

- 你愿意放弃所有快乐的事情,只求获取收益吗?
- 为了避免损失,放弃所有的快乐。你认为这种做法正确吗?

未来,属于终身学习者

我们正在亲历前所未有的变革——互联网改变了信息传递的方式,指数级技术快速发展并颠覆商业世界,人工智能正在侵占越来越多的人类领地。

面对这些变化,我们需要问自己:未来需要什么样的人才?

答案是,成为终身学习者。终身学习意味着永不停歇地追求全面的知识结构、强大的逻辑思考能力和敏锐的感知力。这是一种能够在不断变化中随时重建、更新认知体系的能力。阅读,无疑是帮助我们提高这种能力的最佳途径。

在充满不确定性的时代,答案并不总是简单地出现在书本之中。"读万卷书"不仅要亲自阅读、广泛阅读,也需要我们深入探索好书的内部世界,让知识不再局限于书本之中。

湛庐阅读 App: 与最聪明的人共同进化

我们现在推出全新的湛庐阅读 App,它将成为您在书本之外,践行终身学习的场所。

- 不用考虑"读什么"。这里汇集了湛庐所有纸质书、电子书、有声书和各种阅读服务。
- 可以学习"怎么读"。我们提供包括课程、精读班和讲书在内的全方位阅读解决方案。
- 谁来领读?您能最先了解到作者、译者、专家等大咖的前沿洞见,他们是高质量思想的源泉。
- 与谁共读?您将加入优秀的读者和终身学习者的行列,他们对阅读和学习具有持久的热情和源源不断的动力。

在湛庐阅读 App 首页,编辑为您精选了经典书目和优质音视频内容,每天早、中、晚更新,满足您不间断的阅读需求。

【特别专题】【主题书单】【人物特写】等原创专栏,提供专业、深度的解读和选书参考,回应社会议题,是您了解湛庐近千位重要作者思想的独家渠道。

在每本图书的详情页,您将通过深度导读栏目【专家视点】【深度访谈】和【书评】读懂、读透一本好书。

通过这个不设限的学习平台,您在任何时间、任何地点都能获得有价值的思想,并通过阅读实现终身学习。我们邀您共建一个与最聪明的人共同进化的社区,使其成为先进思想交汇的聚集地,这正是我们的使命和价值所在。

CHEERS

湛庐阅读 App
使用指南

读什么
- 纸质书
- 电子书
- 有声书

怎么读
- 课程
- 精读班
- 讲书
- 测一测
- 参考文献
- 图片资料

与谁共读
- 主题书单
- 特别专题
- 人物特写
- 日更专栏
- 编辑推荐

谁来领读
- 专家视点
- 深度访谈
- 书评
- 精彩视频

HERE COMES EVERYBODY

下载湛庐阅读 App
一站获取阅读服务

版权所有，侵权必究
本书法律顾问　北京市盈科律师事务所　崔爽律师

KODOMO KODOKEIZAIGAKU NAZE KODOKEIZAIGAKU GA HITSUYONANOKA GA WAKARU HON

Copyright © 2022 bound inc.

Chinese translation rights in simplified characters arranged with KANZEN CORP. through Japan UNI Agency, Inc., Tokyo

本书中文简体字版经授权在中华人民共和国境内独家出版发行。未经出版者书面许可，不得以任何方式抄袭、复制或节录本书中的任何部分。

湖南省版权局著作权合同登记章字：18-2024-338 号

著作权所有，请勿擅用本书制作各类出版物，违者必究。

图书在版编目（CIP）数据

小学生就该懂的生活中的经济学 /（日）邦德著；（日）犬饲佳吾主编；李司阳译 . -- 长沙：湖南教育出版社，2025.2（2025.9 重印）. -- ISBN 978-7-5754-0835-6

Ⅰ. F0-49

中国国家版本馆CIP数据核字第2025UA1504号

XIAOXUESHENG JIU GAI DONG DE SHENGHUO ZHONG DE JINGJIXUE
小学生就该懂的生活中的经济学

出 版 人：	刘新民
责任编辑：	陈逸昕
封面设计：	湛庐文化
出版发行：	湖南教育出版社（长沙市韶山北路443号）
网　　址：	www.jiaxiaoclass.com
微 信 号：	家校共育网
电子邮箱：	hnjycbs@sina.com
客服电话：	0731-85486979
经　　销：	全国新华书店
印　　刷：	北京盛通印刷股份有限公司
开　　本：	880mm×1230mm　1/32
印　　张：	4.125
字　　数：	66千字
版　　次：	2025年2月第1版
印　　次：	2025年9月第2次印刷
书　　号：	ISBN 978-7-5754-0835-6
定　　价：	59.90元

本书若有印刷、装订错误，可向承印厂调换。